भारत की ज्ञान-संस्कृति

भारत की ज्ञान-संस्कृति

रजनीश कुमार शुक्ल

प्रलेक प्रकाशन

प्रलेक प्रकाशन

PRALEK PRAKASHAN

(an Imprint of "PRALEK PUBLISHING HOUSE PVT. LTD.")

मुख्य कार्यालय : 702, जे-50, ग्लोबल सिटी, विरार (वेस्ट), मुम्बई, महाराष्ट्र-401303
दिल्ली एनसीआर ऑफ़िस पता : 03/सी, ज्ञान खण्ड-4 इंदिरापुरम गाजियाबाद, उ.प्र.-201014

E.mail : pralek.prakashan@gmail.com
Website : www.pralekprakashan.com
दूरभाष : +91 7021263557

भारत की ज्ञान-संस्कृति / रजनीश कुमार शुक्ल

Bharat Ki Gyan Sanskrati by Rajnish Kumar Shukal

ISBN : 978-93-5869-88-86

प्रथम पेपरबैक संस्करण : 2026

आवरण एवं पुस्तक सज्जा : प्रलेक स्टूडियो

(प्रलेक प्रकाशन का लोगो मिक्की पटेल की तूलिका से।)

सादर समर्पित

भारत की ऋषि परंपरा के समकालीन विग्रह
श्रद्धेय श्री सुरेश सोनी जी को
जिन्होंने भारतीय मनीषा के **सांस्कृतिक अधिष्ठान** को पुनर्जीवित करने के लिए
अपना संपूर्ण जीवन समर्पित कर दिया।
आपकी वैचारिक दृष्टि ने हमें औपनिवेशिक मानसिकता के तिमिर को चीरकर
'स्व' के बोध और **ज्ञानमीमांसीय क्रांति** के मार्ग पर चलने की प्रेरणा दी है।
यह ग्रंथ आपकी **ऋषि-कल्प प्रज्ञा** और **लोक-संग्रह** की भावना को एक विनम्र भावांजलि है।

प्ररोचना

आधुनिक सभ्यता ने आज एक विश्व-सभ्यता का रूप धारण कर लिया है। यहूदी-ख्रिस्तीयन ज्ञान-परम्परा और पश्चिमी विज्ञान एवं तकनीकी के आपसी गठबन्धन से बनी और विकसित ज्ञान-परम्परा की यह आवश्यक साभ्यतिक परिणति है। जीवन और जगत् के दिव्य और दैवीय लंगरों को काटकर विश्व के उत्तरोत्तर लौकिकीकरण एवं निर्दैवीकरण की यह सार्वभौम योजना है। समूची दुनिया को इसके माध्यम से नेतृत्व मिले और पूरी मानव जाति को इस एकरेखीय जीवन-शैली में नियोजित करना इसका अघोषित लक्ष्य है। आधुनिकता की इस साभ्यतिक कार्ययोजना में दुनिया की तमाम संस्कृति और सभ्यताएँ अपने-अपने घर-आँगन में ही अप्रासंगिक होती जा रही हैं। सम्प्रति पूरी दुनिया में देशजता और स्वकीय ज्ञान-परस्पराओं के पुनराविष्कार और उनसे जुड़ने की जो चेतना दिखाई पड़ रही है, वह वास्तव में आधुनिक सभ्यता के वर्चस्वशाली पूर्वपक्ष की प्रतिक्रिया में उत्पन्न एक प्रतिचेतना ही है। भारत में यह प्रतिचेतना औपनिवेशिक आवरणों से आवृत, भारतीय ज्ञान-परम्परा के चराचर संवेदी, सर्वसमावेशी, जीवन्त और संवर्द्धनशील स्वरूप के अनावरण में फलित हो रही है। यह अपने को, अपने प्रामाणिक सांस्कृतिक आत्म को फिर से पाने का आत्मचेतन शुभ संकल्प है। अन्यथा उसकी चयापचयी प्रणाली की गतिशीलता में गतिरोध उत्पन्न करने वाले कारकों की

अभियांत्रिकी को भली-भाँति समझा जाना सम्भव नहीं हो सकेगा। औपनिवेशिकता और उसके उत्तर-औपनिवेशिक प्रभाव में उत्पन्न ज्ञानात्मक विच्छिन्नता के घावों को भरने का एकमात्र यही उपाय है।

भारत की सभ्यता और संस्कृति दुनिया की प्राचीनतम, समृद्धतम और अद्यतन सभ्यता-संस्कृतियों में वरेण्य रही है। कहा जाता है कि जितना विरोध भारत और एशिया के बीच नहीं, उससे कहीं अधिक साभ्यतिक भिन्नता भारत और शेष विश्व के बीच है। वास्तव में यही भारत का साभ्यतिक 'बींग डिफरेंट' है। प्रो. रजनीश कुमार शुक्ल जी की 'भारत की ज्ञान-संस्कृति' नामधेय यह कृति भारत के 'बींग डिफरेंट' और उपरोक्त साभ्यतिक अधिकार बोध को पहचानने की दिशा में किया गया एक अत्यन्त समयानुकूल और समीचीन पहल है। इस पुस्तक के आठ अध्यायों में बड़े ही सूझ-बूझ के साथ यह दर्शाया गया है कि किसी भी सभ्यता और संस्कृति के पुष्पित, पल्लवित और कायम बने रहने के पीछे ज्ञान-परम्परा की महती भूमिका होती है। वास्तव में एक विशेष प्रकार की ज्ञान-परम्परा ही एक विशेष प्रकार की सभ्यता और संस्कृति की धारक होती है। सम्भता और संस्कृतियों का अधिष्ठान भौगोलिक नहीं, अपितु ज्ञान-परम्पराएँ ही हुआ करती हैं। भौगोलिक परिवेश में किसी सभ्यता और संस्कृति का रूपायन कुछ नहीं, उसके पीछे की सक्रिय ज्ञान-परम्परा का सुगठित अनुवाद और संस्थानीकरण है। दो या दो से अधिक ज्ञान-परम्पराओं के संस्थानीकरण में अन्तर उनके द्वारा स्वीकृत ज्ञान के मानकीकरण और आदर्शीकरण का समानुपाती होता है।

भारतीय ज्ञान-परम्परा अपने स्वरूप में ज्ञानगंगा है, जिसमें अनेकों नदियाँ मिल कर गंगा हो जाती हैं। यही कारण है कि इससे बनने वाले जीवन-संस्थान में मौलिक एकता दिखाई पड़ती है। भारतीय ज्ञान-परम्परा के वाङ्मयी ताने-बाने में इस मौलिक एकता को साधते हुए प्रो. रजनीश कुमार शुक्ल जी ने

सफलतापूर्वक यह प्रतिपादित किया है कि ज्ञान–परम्परा जीवन–संस्थान में रूपायित होकर ज्ञान–संस्कृति बनती है और पुरुषार्थ साधना में फलित होती है। श्रुति, ऋषि और धर्म की त्रयी से ही भारत की ज्ञान–संस्कृति निर्मित हुई है। इसमें श्रुति प्रज्ञा का अनादि–अपौरुषेय वितान है। ऋषि उस ऋतम्भरा प्रज्ञा का द्रष्टा है और धर्म लोक–सिद्धि एवं स्वरूप–सिद्धि में जीवन का नियोजन है। इस पुस्तक में इसी त्रयी के आधार पर भारत की ज्ञान–परम्परा के ज्ञान–संस्कृति बनने की अभियांत्रिकी को समझा और समझाया गया है। समझने और समझाने के इस ज्ञान–यज्ञ में प्रो. रजनीश कुमार शुक्ल निरन्तर आहुति देते रहें –यही शुभकामना है।

अम्बिकादत्त शर्मा

अध्यक्ष

अखिल भारतीय दर्शन परिषद्

वाराणसी, 15 फरवरी 2026, महाशिवरात्रि

प्रस्तावना

'भारत की ज्ञान-संस्कृति' इस पुस्तक का प्रयोजन केवल सूचना देना नहीं, बल्कि पाठक के चित्त में एक 'ज्ञानमीमांसीय क्रांति' (Epistemic Revolution) का सूत्रपात करना है। इस पुस्तक का प्राथमिक प्रयोजन केवल भारतीय ज्ञान-परंपरा के गौरवशाली अतीत का स्मरण कराना नहीं है, बल्कि उस औपनिवेशिक मानसिकता की जड़ों पर प्रहार करना है जिसने हमारे बौद्धिक परिवेश को 'स्व' से विमुख कर दिया है। सदियों की मानसिक गुलामी ने भारतीय मानस में यह धारणा पुष्ट कर दी कि ज्ञान केवल वही है जो पश्चिमी मापदंडों अर्थात् वस्तुनिष्ठता, परीक्षण और मापन की कसौटी पर खरा उतरे। इस औपनिवेशिक मानसिकता ने हमारे ज्ञान को 'मृत अक्षरों' का संचय बना दिया। यह पुस्तक उस अविद्या के तिमिर को चीरने का एक सचेत प्रयास है, जो हमें यह सिखाती है कि भारतीय ज्ञान-परंपरा एक अचल ग्रन्थबद्ध राशि नहीं, बल्कि एक सक्रिय गत्यात्मकता (Dynamism) है। हमारा प्रयोजन पाठक को उस 'अधिष्ठान' तक ले जाना है जहाँ वह अपनी जड़ों को पहचान सके और आधुनिक विश्व में एक संप्रभु बौद्धिक इकाई के रूप में खड़ा हो सके।

औपनिवेशिक काल के दौरान पाश्चात्य पद्धति ने ज्ञान को केवल तर्क-शक्ति (Reasoning) और वियोगात्मक (Reductionist) दृष्टिकोण पर आधारित कर दिया। इसमें ज्ञान का अर्थ

केवल वस्तुनिष्ठ तथ्य-संग्रह (Objective Data) तक सीमित हो गया। इस पुस्तक का एक मुख्य प्रयोजन इस विखंडित ज्ञान-दृष्टि का विकल्प प्रस्तुत करना है। भारतीय मनीषा में ज्ञान की कल्पना कहीं अधिक व्यापक और चित्-स्पंदन द्वारा अनुप्राणित है। हम यहाँ 'नॉलेज' (सूचनात्मक प्रवीणता) और 'विद्या' (अनुभवजन्य जीवन-प्रक्रिया) के सूक्ष्म अंतर को स्पष्ट करना चाहते हैं।' विद्या' वह है जो जीवन के प्रत्येक अणु में स्पंदित है और जिसका उद्देश्य केवल बौद्धिक उपलब्धि नहीं, बल्कि जीवन की प्राणवत्ता को संरक्षित करना है। यह वि-औपनिवेशीकरण की वह प्रक्रिया है जहाँ हम पुनः स्वीकार करते हैं कि ज्ञान मात्र सूचना नहीं, बल्कि आत्म-रूपांतरण (Transformation) का मार्ग है।

औपनिवेशिक मानसिकता ने ज्ञान को 'जटिल' और 'दुर्गम' बनाकर उसे एक विशिष्ट वर्ग की संपत्ति बना दिया। इस पुस्तक का उद्देश्य ज्ञान के उस लोकतंत्रीकरण को पुनः स्थापित करना है जिसे हमारी परंपरा में 'सहज प्रज्ञा' (Intuitive Wisdom) कहा गया है। सहज प्रज्ञा वह भाषा है जो जटिल दार्शनिक सूत्रों को भी जन-सामान्य के लिए सुगम बनाती है। हमारा प्रयोजन यह सिद्ध करना है कि यदि ज्ञान समाज के स्पंदन से नहीं जुड़ा है, तो वह जड़ है? योग, आयुर्वेद, नाट्यशास्त्र और संगीत जैसी विधाएँ इसलिए जीवित रहीं क्योंकि वे 'सहज चिंतन' और 'जीवंत अनुभव' पर आधारित थीं। यह पुस्तक पाठक को प्रेरित करती है कि वह ज्ञान को बोझिल 'गुरु-संस्कृति' के व्यामोह से मुक्त कर उसे अपने दैनंदिन जीवन का अंग बनाए।

वि-औपनिवेशीकरण की दिशा में सबसे बड़ी बाधा वे पूर्वधारणाएँ (Preconceptions) हैं जो हमने अनजाने में स्वीकार कर ली हैं-जैसे 'धर्म' केवल उपासना है या 'दर्शन' मात्र शुष्क वितंडा। इस ग्रंथ का प्रयोजन इन संकीर्ण मान्यताओं को चुनौती देना है। हम यह स्पष्ट करना चाहते हैं कि भारतीय परंपरा में धर्म

एक व्यापक धारण-शक्ति (Universal Order) है जो जीवन के समस्त क्षेत्रों-सामाजिक, कर्तव्य और आध्यात्मिक-का नियमन करती है। यह जागृति ही हमें उस 'अविद्या' से मुक्त करेगी जो ज्ञान को मात्र अकार्बनिक सामग्री मानती है। इस पुस्तक की प्रत्येक पंक्ति पाठक को उस अन्वेषण (Inquiry) की ओर ले जाती है जो प्रत्येक युग के व्यक्ति की चेतना और जीवन-यथार्थों से संवाद स्थापित करता है।

इस पुस्तक का दूसरा प्रमुख प्रयोजन उस सांस्कृतिक अधिष्ठान (Cultural Foundation) का पुनरुद्धार करना है, जहाँ ज्ञान केवल पढ़ा नहीं जाता, बल्कि जिया जाता है। भारत का बौद्धिक परिवेश केवल एक अकादमिक संरचना नहीं, बल्कि एक समृद्ध सामाजिक-सांस्कृतिक वातावरण था। यहाँ ज्ञान का सृजन साक्षात् अनुभव और सतत् संवाद के माध्यम से होता था। हमारा उद्देश्य उस वाचिक (Oral) परंपरा की महत्ता को पुनर्स्थापित करना है, जिसे 'श्रुति' कहा गया। यह शैली केवल सूचना का संचरण नहीं थी, बल्कि उसमें व्याख्या और परिष्कार की वह 'लचक' थी जो औपनिवेशिक लिखित प्रणालियों में प्रायः लुप्त हो जाती है। इस अधिष्ठान को समझे बिना हम एक उत्तर-औपनिवेशिक ज्ञान-केंद्रित समाज की कल्पना नहीं कर सकते।

ज्ञानमीमांसीय संस्कृति के पुनरुद्धार के लिए हमें उस समग्रता (Holism) की ओर लौटना होगा जहाँ लौकिक और पारलौकिक के मध्य कोई दीवार नहीं थी। औपनिवेशिक शिक्षा ने ज्ञान को विषयों के खानों में बाँट दिया, जबकि भारतीय दृष्टि में चिकित्सा, स्थापत्य और खगोल-सभी एक वैश्विक दृष्टि से जुड़े थे। इस पुस्तक का प्रयोजन उस गुरु-शिष्य परंपरा के मर्म को समझाना है जहाँ गुरु सूचना का स्रोत नहीं, बल्कि ज्ञान के आचरण का जीवंत प्रतिमान थे। यह संबंध एक नैतिक अनुशासन था जहाँ शिष्य विद्या को अपने संस्कारों में आत्मसात् करता था। हम

चाहते हैं कि पाठक ज्ञान को 'ऑब्जेक्टिव डाटा' के रूप में नहीं, बल्कि अपनी जीवन-शैली के निक्षेप (Deposit) के रूप में देखे। किसी भी समाज के वि-औपनिवेशीकरण के लिए उसकी तर्क-पद्धति का सशक्त होना अनिवार्य है। इस पुस्तक का एक महत्वपूर्ण खंड न्याय परंपरा के पुनरुद्धार को समर्पित है। न्याय दर्शन केवल तार्किक नियमों का संकलन नहीं, बल्कि सत्य के अन्वेषण की एक अनुशासित प्रक्रिया है। हमारा प्रयोजन पाठक को 'प्रमाण-मीमांसा' की उस शक्ति से लैस करना है जिससे वह भ्रामक तर्कों (Fake News/Sophistry) को पहचान सके? न्याय की पंचावयव पद्धति तर्क के निर्दोष प्रस्तुतीकरण का मूलाधार है, जो बौद्धिक संप्रभुता के लिए अनिवार्य है। हम यह स्थापित करना चाहते हैं कि भारतीय प्रज्ञा केवल श्रद्धा पर नहीं, बल्कि कठोर परीक्षण और प्रमाण पर आधारित रही है।

ज्ञानमीमांसीय संस्कृति का पुनरुद्धार तब तक अधूरा है जब तक हम शब्द और कर्तव्य के अंतर्संबंध को न समझें। पाणिनीय व्याकरण भाषा को मात्र संव्यवहार का उपकरण नहीं, बल्कि चित्-शक्ति का प्रतिबिम्बन मानता है। हमारा प्रयोजन यह दिखाना है कि भाषाशास्त्र एक आध्यात्मिक तपस्या है जो बुद्धि को परिष्कृत करती है। वहीं दूसरी ओर, मीमांसा दर्शन धर्म को एक 'प्रायोगिक नियमावली' के रूप में प्रस्तुत करता है। यह शास्त्र हमें सिखाता है कि सत्य और मिथ्या के मध्य भ्रम को कैसे दूर किया जाए। इस पुस्तक के माध्यम से हम एक ऐसी प्रज्ञा-प्रणाली का प्रस्ताव करते हैं जहाँ 'वचन' (सत्य की भाषा) और 'कर्म' (सत्य की क्रिया) के मध्य पूर्ण संतुलन हो।

इस पुस्तक का एक अत्यंत महत्वपूर्ण प्रयोजन पाठक को 'सूचना के उपभोक्ता' से उठाकर 'ज्ञान के द्रष्टा' के रूप में रूपांतरित करना है। औपनिवेशिक शिक्षा प्रणाली ने हमें 'रटने' और 'दोहराने' की संस्कृति दी, जहाँ हम केवल पश्चिमी सिद्धांतों के अनुवादक बनकर रह गए। इसके विपरीत, भारतीय ज्ञान-

परंपरा में 'ऋषि' का आदर्श है, जो ज्ञान का रचयिता (Author) नहीं, बल्कि 'द्रष्टा' (Seer) है। हमारा उद्देश्य यह स्पष्ट करना है कि एक उत्तर-औपनिवेशिक समाज में नेतृत्व और ज्ञान-सृजन का आधार केवल बौद्धिक चातुर्य नहीं, बल्कि वह 'साक्षात्कार' होना चाहिए जो तप, योग और इंद्रिय-निग्रह से उत्पन्न होता है। ऋषि-दृष्टि वह चेतना है जो 'सत्य' को खंडों में नहीं, बल्कि उसकी समग्रता में देखती है।

वर्तमान वैश्विक संकटों–चाहे वे पर्यावरणीय हों या नैतिक–का समाधान केवल तकनीकी आँकड़ों में नहीं है। इस पुस्तक का प्रयोजन ऋषियों की उस 'ऋतम्भरा प्रज्ञा' को पुनर्जीवित करना है जो प्रकृति के साथ तादात्म्य स्थापित करती है।

नैतिक नेतृत्वः भविष्य का नेतृत्व 'प्रशासन' पर नहीं, बल्कि 'अनुशासन' और 'सहानुभूति' पर आधारित होना चाहिए, जैसा कि ऋषियों के आश्रमों में देखा गया।

लोक-संग्रहः ज्ञान व्यक्तिगत 'अधिकार' (Copyright) नहीं, बल्कि 'लोक-संग्रह' (Public welfare) का माध्यम है।

समग्र शिक्षणः शिक्षा का अर्थ केवल कौशल विकास नहीं, बल्कि 'अमृतस्य पुत्राः' के रूप में स्वयं के वास्तविक स्वरूप को पहचानना है।

वि-औपनिवेशीकरण का एक अन्य आयाम ज्ञान को 'अभिजात्य' के चंगुल से मुक्त कराना है। इस पुस्तक का प्रयोजन 'सहज प्रज्ञा' (Intuitive Wisdom) की महत्ता को सिद्ध करना है। यदि ज्ञान अत्यंत जटिल और दुर्गम होगा, तो वह समाज में जीवंत नहीं रह पाएगा। भारतीय परंपरा ने योग, आयुर्वेद और नाट्यशास्त्र जैसी विधाओं को 'सहज चिंतन' के माध्यम से जन-मानस के सामीप्य में प्रतिष्ठित किया। हमारा उद्देश्य एक ऐसे ज्ञान-समाज का निर्माण करना है जहाँ दार्शनिक सूत्र और लोक-जीवन के मध्य कोई द्वैत न हो।

लेखक के रूप में मेरा मन्तव्य केवल एक ग्रंथ प्रस्तुत करना नहीं, बल्कि एक ऐसी ज्ञानमीमांसीय संधि (Epistemic Treaty) का प्रस्ताव करना है जहाँ भारत की प्राचीन अंतर्दृष्टि और आधुनिक विज्ञान-चेतना परस्पर संलयित हों। औपनिवेशिक मानसिकता ने हमें 'अतीत' या 'आधुनिकता' के बीच किसी एक को चुनने का कृत्रिम विकल्प दिया था। यह पुस्तक उस द्वंद्व को समाप्त करती है। हमारा मन्तव्य उस 'भविष्य के ज्ञान-संवाद' की नींव रखना है जहाँ आधुनिक विज्ञान की तार्किकता और प्राचीन परंपरा की अनुभूतियाँ मिलकर एक 'एकात्म सत्य' की रचना करें।

एक सच्चे उत्तर-औपनिवेशिक भारत के लिए ज्ञान का आधार 'वसुधैव कुटुंबकम्' की वैश्विक चेतना होनी चाहिए। इस पुस्तक का प्रयोजन यह सुनिश्चित करना है कि भविष्य की प्रगति केवल आर्थिक लाभ तक सीमित न रहे, बल्कि वह नैतिक नवाचार और उत्तरदायित्व से जुड़ी हो।

- **विज्ञान और अध्यात्म का अद्वैत:** हम चाहते हैं कि पाठक 'अणु' की शक्ति के साथ-साथ 'आत्मा' की शांति का भी अन्वेषण करें।
- **पर्यावरणीय संवेदीकरण:** प्रकृति को मात्र उपभोग की वस्तु मानने वाली औपनिवेशिक दृष्टि का त्याग कर उसे 'जीवंत अनुभूति' के रूप में स्वीकार करना होगा।
- **भावनात्मक बुद्धिमत्ता:** 'संस्कार' और 'साधना' के माध्यम से एक ऐसे समाज का निर्माण करना जहाँ बुद्धिमत्ता केवल सूचनात्मक न होकर भावनात्मक और आध्यात्मिक रूप से भी संपन्न हो।

इस ग्रंथ का चरम ध्येय पाठक को 'अविद्या' से मुक्त कर 'विद्या' के उस धरातल पर लाना है जहाँ जानना और जीना एक ही प्रक्रिया बन जाए। यह पुस्तक एक 'साधना-मार्ग' है जो व्यक्ति को अपनी जड़ों (स्थानीयता) से जोड़े रखते हुए भी

उसे सार्वभौमिक (शाश्वत) बनाता है। मेरा मन्तव्य है कि यह पुस्तक केवल पुस्तकालयों की शोभा न बढ़ाये, बल्कि यह समाज के प्रत्येक स्तर पर–शिक्षा, विधि–प्रणाली और सामाजिक विमर्श–में एक विवेकपूर्ण दृष्टिकोण उत्पन्न करे। यह पुस्तक भारत के उस 'नव नवोन्मेष–शालिनी प्रज्ञा' का अभिनंदन है जो मानवता को उसके सर्वोच्च उद्देश्य–आनन्द, पूर्णता और मुक्ति–की ओर ले जाने में सक्षम है।

–रजनीश कुमार शुक्ल

वसन्त पंचमी
23/01/2026
वाराणसी

अनुक्रम

अध्याय 1

भारत की ज्ञान-संस्कृति का विमर्श

भारतीय ज्ञान-परंपरा की सर्वाधिक महती एवं सारगर्भित विशिष्टता इसकी गत्यात्मकता (Dynamism) और अचल, स्थिर ग्रन्थबद्ध ज्ञान-राशि से विकसित होने वाली ज्ञान परंपराओं से इसकी तात्विक भिन्नता है। जब हम 'विद्या' अथवा 'ज्ञान' के स्वरूप का चिंतन करते हैं, तो हमारी स्वाभाविक प्रवृत्ति ग्रन्थों, श्लोकों और सूत्रों के संकलन तक सीमित हो जाने की रहती है। इस संकुचित दृष्टि से ज्ञान केवल लिपिबद्ध सामग्री का कोष प्रतीत होता है, जो कालक्रम में अपरिवर्तनीय और जड़ हो जाता है। किंतु भारतीय मनीषा में ज्ञान की यह कल्पना कहीं अधिक व्यापक, द्रव्यात्मक और चित्-स्पंदन द्वारा अनुप्राणित है। यह केवल ग्रन्थ-संग्रह नहीं, अपितु 'विद्या-स्थान' अथवा ज्ञानमीमांसीय अधिष्ठान है, जो आत्मा, जीवन और समष्टि के भीतर अंतर्निहित सक्रिय गत्यात्मकता के कारण अनवरत सजीव बना रहता है।

विद्या का यह जीवंत स्वरूप ज्ञान की विखंडित झलकियों में नहीं, अपितु उसके अधिग्रहण, साक्षात्कार, संवेदन और जीवन के विविध आयामों में उसके विनियोग से उपजे समृद्ध अनुभव में सन्निहित है। भारतीय परंपरा में ज्ञान का मूल तत्त्व केवल निर्जीव अक्षर नहीं, अपितु जीवन की 'प्राणवत्ता' है-अर्थात् ज्ञान का जीवन से अविच्छिन्न संबंध। यहाँ 'विद्या' का अर्थ मात्र सूचना, तथ्य-संग्रह या तर्क-जाल नहीं है, अपितु वह संपूर्ण जीवन-अनुभव का प्रतिबिम्बन है, जिसमें 'जन' या

जीवमान तत्त्व हस्तक्षेप करते हैं और जो स्वभावत: अनुभूति का बोध कराते हैं। यह जीवन्तता केवल दैवी अतिप्राकृतता से उद्भूत नहीं है, अपितु प्रत्येक अन्वेषण, प्रत्येक संवाद एवं स्वाध्याय के क्षण में निरंतर पुनर्सृजित होती रही है। जहाँ पश्चिमी दृष्टिकोण में पुस्तकें पठनीय सामग्री मात्र हैं, वहीं भारतीय शिक्षा-दर्शन में ज्ञान को जीवंत रखने हेतु 'पौराणिक आख्यान', 'ऋषि-दृष्टि' तथा 'शास्त्रीय परिशीलन' जैसे अनेक माध्यम विद्यमान हैं। अत: विद्या केवल एक निर्जीव संचय नहीं, अपितु सामूहिक चेतना की प्रवाहमान धारा है जो अविच्छिन्न रूप से पीढ़ी-दर-पीढ़ी प्रवाहित होती रहती है।

यहाँ यह स्पष्ट करना अनिवार्य है कि 'जीवन्त विद्या' और 'सहज प्रज्ञा' (सरल सोच) के मध्य सह-अस्तित्व एवं सहकार की यह परिपाटी मात्र रीति नहीं, अपितु भारतीय ज्ञान-संस्कृति की मौलिक प्रकृति है। परंपरागत तत्त्वज्ञान और तर्कशास्त्रों में यह स्पष्ट परिलक्षित होता है कि ज्ञान न केवल आस्तिक या दृढ़ सिद्धांतों पर आश्रित होता है, बल्कि व्यावहारिक जीवन और सहज बोध की ऊर्जावान समझ के बिना वह अपूर्ण रहता है। सहज प्रज्ञा केवल बौद्धिक संकीर्णता नहीं, अपितु आत्म-स्वाभाविक अनुभव की वह भाषा है जो जटिल दार्शनिक सूत्रों को सुगमता से संप्रेषित करने का माध्यम बनती है। भारतीय ज्ञान-परंपरा की यह जीवंतता, उसमें अंतर्निहित लोकजीवन, आध्यात्मिक अनुभूति, तात्त्विक विमर्श और सामान्य मानवीय संवेदना के मध्य प्रगाढ़ संबंधों में निहित है। वेदों, उपनिषदों या अन्य शास्त्रों का अनुशीलन केवल शाब्दिक अर्थावबोध के लिए नहीं, अपितु अपरोक्षानुभूति के द्वार खोलने हेतु किया जाता है। इस परंपरा में ग्रन्थ केवल अनुसंधान के विषय (Objects of Research) नहीं होते, अपितु उनका आधार 'अनुभव' होता है, जो किसी सजीव प्राण की भाँति देश-काल और परिस्थिति के अनुरूप विस्तारित एवं विकसित होता रहता है।

विद्या के 'स्थान' की जो संकल्पना यहाँ प्रस्तुत है, वह

'ग्रन्थों' की परिधि से कहीं अधिक व्यापक एवं समृद्ध है। यह 'स्थान' एक आध्यात्मिक मानस है, जो विद्या को नवीन अर्थों, नवीन प्रयोगों और नवीन जीवन-आयामों के साथ अनवरत पोषित करता रहता है। यह वह क्षेत्र है जहाँ ज्ञानी, ऋषि, आचार्य, अन्वेषक और समाज के विभिन्न घटक मिलकर ज्ञान-प्रवाह को संवहित करते हैं और उसे ऊर्जस्वित रखते हैं। इस दृष्टि से 'विद्या-स्थान' के अंतर्गत केवल भौतिक ग्रंथ या ग्रन्थागार ही नहीं आते, बल्कि एक जीवंत संवादात्मक एवं सामूहिक अनुभवात्मक परंपरा सम्मिलित है। यहाँ अधिगत विद्या जब जीवन के किसी भूखण्ड, कला, समाज या आध्यात्मिक साधना में परिलक्षित होती है, तभी वह अपनी पूर्णता (Siddhant) को प्राप्त करती है। भारतीय ज्ञान-परंपरा के केंद्र में 'जन' अर्थात् मानवता और समाज की जिज्ञासाएँ, व्यथाएँ और प्रश्न विद्यमान रहते हैं। यह विद्या केवल आध्यात्मिक तुष्टि के लिए नहीं, अपितु सामाजिक एवं वैयक्तिक जीवन को सुगम, उन्नत और परिष्कृत करने हेतु पल्लवित हुई है। ज्ञान का ध्येय केवल 'बोध' मात्र नहीं, अपितु 'जीवन्त बनाना' एवं 'जीवन की प्राणवत्ता' को संरक्षित एवं संवर्धित करना है। आधुनिक पाश्चात्य ज्ञान परंपरा से इतर, जहाँ ज्ञान को कभी-कभी केवल वस्तुनिष्ठ तथ्य-संग्रह (Objective Data) के रूप में देखा जाता है, भारतीय परंपरा उसमें 'जीवन-विद्या' का समावेश करती है। उसमें न केवल बाह्य जगत् के संबंधों की खोज होती है, बल्कि जीवन के अर्थ, उद्देश्य तथा उसकी प्रवृत्तियों पर निरंतर मीमांसा भी होती है।

ज्ञान में 'जीवन्तता' का अर्थ केवल 'जैविक अस्तित्व' का होना न होकर, एक सक्रिय, संवेदनशील और तर्क-वितर्क के साथ क्रियाशील चेतना होना है। जीवन्त विद्या इसी चेतना की अभिव्यक्ति है। उदाहरणस्वरूप, उपनिषदों में वेदों से प्रसूत ज्ञान-परंपरा केवल शब्दावली का संचय नहीं है, बल्कि एक ऐसा अनुसंधान (Inquiry) है जो प्रत्येक युग के व्यक्ति की

चेतना, अनुभूति और जीवन-यथार्थों से संवाद स्थापित करता है। इसी प्रकार स्मृति, संहिता, वेदांग और दर्शनों की परंपरा में स्थिरता एवं परिवर्तन का द्वंद्व निरंतर विद्यमान रहता है। यह संघर्ष ज्ञान को एक स्थान पर स्थित रखकर भी संपूर्ण समाज और जीवन के वैविध्य में अनुभूत कराता है। भारतीय ज्ञान की इस जीवंतता को समझने के लिए आवश्यक है कि हम उसे केवल 'पुस्तकीय विमर्श' के रूप में न देखें। जब हम कहते हैं कि भारत की ज्ञान-संस्कृति 'जीवित' है, तो हमारा आशय है कि यह परंपरा प्राणवान (Vital) है; इसमें नित्य नूतन अर्थोत्पत्ति, अर्थ-विस्तार तथा मानव-संदर्भों में मौलिक चिंतन होता रहता है। ये सभी क्रियाएँ सहजता से 'सहज प्रज्ञा' के साथ संबंद्ध हैं, क्योंकि ज्ञान का कोई भी स्वरूप यदि अत्यंत जटिल और दुर्गम हो, तो वह समाज में जीवंत नहीं रह पाएगा। अतः भारतीय ज्ञान-परंपरा ने ज्ञान की व्याख्या तथा सम्प्रेषण को सुगम, उपयोगी और क्लिष्टताओं से मुक्त करने वाली प्रक्रिया बनाया-यही 'सहज प्रज्ञा' का वैशिष्ट्य है।

इसी सहजता में ज्ञान का वह उत्क्रम है जो जनसाधारण को दैनंदिन जीवन में भी आध्यात्मिक अंतर्दृष्टि उपलब्ध कराता है। योग, आयुर्वेद, नाट्यशास्त्र, संगीत, ज्योतिष और वास्तु-इन सभी विधाओं में 'सहज चिंतन' के साथ 'जीवंत अनुभव' का होना अपरिहार्य है। इस प्रकार की सहज सोच ने प्रत्येक विद्या को बोझिल 'गुरु-संस्कृति' के व्यामोह से मुक्त रखा और उसे जन-मानस के सामीप्य में प्रतिष्ठित किया। यह विचार और अनुभूति के मध्य वह सेतु बना, जिससे ज्ञान का तंतु समाज के स्पंदन से जुड़ा रहा। इसके उलट पाश्चात्य ज्ञान-पद्धति सामान्यतः तर्क-शक्ति (Reasoning), वैज्ञानिक विधि और वियोगात्मक (Reductionist) दृष्टिकोण पर आधारित रही है। वहाँ ज्ञान की महत्ता का आधार उस तथ्यात्मकता में है जो परीक्षण योग्य और मापन योग्य हो। दूसरी ओर, भारतीय ज्ञान-परंपरा ने ज्ञान को न केवल वस्तुओं या तत्त्वों का संग्रह माना, अपितु उसका

सामाजिक, आध्यात्मिक एवं व्यवहारिक संदर्भ भी अक्षुण्ण रखा। वहाँ ज्ञान का लक्ष्य 'जीवन को सार्थकता प्रदान करना' था। इसीलिए, जहाँ पश्चिमी ज्ञान ने विवेचनात्मक विश्लेषण और परीक्षण (Empiricism) को महत्त्व दिया, वहीं भारतीय ज्ञान में अनुभूति, लोक-कल्याण, अहिंसा और समग्र जीवन-दृष्टि के साथ समन्वय की महत्ता रही।

यह भिन्नता हमें 'ज्ञान' (Knowledge) और 'विद्या' (Wisdom/Vidya) के मध्य के सूक्ष्म अंतर को स्पष्ट करती है। पाश्चात्य परंपरा में 'Knowledge' का संबंध मुख्य रूप से तात्त्विक विवेचना और प्रमाणिकता पर होता है, जबकि भारतीय परंपरा में 'विद्या' एक विस्तारित अर्थ-क्षेत्र है जो केवल शिक्षण नहीं, बल्कि 'अनुभव' तथा 'जीवन' में आत्मीय सहभागिता की प्रक्रिया है। इसीलिए विद्या-स्थानों में अध्ययन, चिंतन, शास्त्रार्थ, ध्यान और कर्म के रूप में ज्ञान का व्यवहार समाहित होता है। भारतीय ज्ञान-संस्कृति ने यह उद्घोषित किया कि विज्ञान केवल बाह्य जगत् का निरीक्षण नहीं, बल्कि जीवन का परिष्कारक भी हो सकता है। यह परंपरा अनुशासनात्मक जड़ता से मुक्त, सजीव और विविध है। ऋषियों और आचार्यों की कृतियाँ केवल ग्रन्थ-मात्र नहीं, अपितु ज्ञान के प्रकृति-मंडल की अभिव्यक्तियाँ हैं, जिनके माध्यम से ज्ञान की चेतना स्वयं को विकसित करती है।

आधुनिक संदर्भ में भी जब हम भारतीय ज्ञान-परंपरा का अनुशीलन करते हैं, तो इस जीवन्तता को समझना अनिवार्य हो जाता है। ज्ञान केवल सूचनाओं का पुंज नहीं, अपितु जीवन की वह अविरल धारा है, जो सामाजिक, दार्शनिक एवं आध्यात्मिक पहलुओं का समन्वय करती है। अतः जीवन्त विद्या में सहज प्रज्ञा का स्थान केवल एक उपकरण मात्र नहीं, बल्कि वह ज्ञान की व्याप्ति और स्थिरता का आधार है। जटिल सूत्रों से परे एक व्यावहारिक सोच जन-सामान्य को ज्ञान के निकट लाती है। इस संदर्भ में, भारतीय ज्ञान-संस्कृति का जीवंत स्वरूप हमें प्रेरित करता है कि हम ज्ञान को जीवन का अंग बनाएँ, न कि केवल

बौद्धिक व्यायाम। यहाँ ज्ञान संवाद, प्रकृति के साथ तादात्म्य और कर्म के माध्यम से अनुभूति का विस्तार है। इस संस्कृति में ऋषियों का शाश्वत संदेश है कि ज्ञान का उच्चतम स्वरूप जीवन की गतिशीलता को स्वीकार कर उसका अभिनंदन करना है।

ज्ञान की यात्रा तभी सार्थक है जब वह व्यक्ति एवं समाज के जीवन में प्रतिष्ठित हो। भारतीय ज्ञान-परंपरा ने यह सिद्ध किया कि ज्ञान का साध्य केवल बौद्धिक उपलब्धि नहीं, अपितु जीवन का उज्जीवन, आनन्द, लीलापूर्ण अनुभूति और अंततः मुक्ति (Liberation) है। यहाँ 'जीवन्त विद्या' और 'सहज प्रज्ञा' का वह दिव्य समन्वय है, जो ज्ञान को अंतःकरण की अनुभूति का स्रोत बनाता है। निष्कर्षतः भारतीय ज्ञान-परंपरा ग्रन्थों के संचय से ऊपर एक जीवंत परिपाटी है, जो लोक, समाज और आध्यात्मिकता के मध्य सजीव संवाद स्थापित करती है। यह संवाद निरंतर पल्लवित होता रहता है और अपने वंशानुगत (Hereditary) रूप में सदैव नवीनता बनाए रखता है। इस संपूर्ण यात्रा में सहज प्रज्ञा वह पूरक तत्त्व है जो गहनतम रहस्यों को भी जन-हृदय तक पहुँचाता है, जिससे ज्ञान न केवल अधिगत होता है, बल्कि प्रकट होता है–जीवन में प्रस्फुटित होता है और विस्तृत होता रहता है। इस प्रकार, जीवन्त विद्या और सहज प्रज्ञा के अंतर्निहित धरातल पर चलने वाला यह संवाद भारतीय ज्ञान-परंपरा की अनूठी पहचान है, जिसकी अनुभूति से हम अपने अस्तित्व और ज्ञान के संबंध को पुनः स्थापित कर सकते हैं।

भारत का बौद्धिक परिवेश

भारत का बौद्धिक परिवेश केवल एक अकादमिक संरचना नहीं था, अपितु यह एक समृद्ध सामाजिक, सांस्कृतिक और आध्यात्मिक वातावरण था जिसमें ज्ञान की धारा सतत् सक्रिय रही। इस परिवेश में ज्ञान का सृजन और प्रसारण केवल लिपिबद्ध ग्रंथों के माध्यम से ही नहीं, अपितु साक्षात् अनुभव, सतत् संवाद और आचरण (Orthopra y) के माध्यम से होता था।

भारतीय ज्ञान-परंपरा की यही विशिष्टता है, जिसने वैदिक ज्ञान से लेकर दर्शन, कला और विज्ञान की अनेक शाखाओं को पुष्पित किया।

भारतीय बौद्धिक वातावरण का मुख्य स्तंभ इसकी वाचिक (Oral) परंपरा थी।' श्रुति' शब्द की मूल व्युत्पत्ति ही इस तथ्य में सन्निहित है कि ज्ञान वह है जिसका श्रवण और साक्षात्कार किया गया हो। इस दृष्टि से भारत के ज्ञान-केंद्र वक्ताओं और श्रोताओं के मध्य प्रौढ़ संवाद और उसकी पुनरावृत्ति के माध्यम से रक्षित थे। यह शैली न केवल संचरण सुनिश्चित करती थी, बल्कि उसमें व्याख्या और परिष्कार की लचक भी प्रदान करती थी। इस मौखिक परिवेश में गुरु-शिष्य परंपरा की भूमिका केंद्रीय थी। यहाँ गुरु मात्र सूचना का स्रोत नहीं, अपितु ज्ञान के आचरण का जीवंत प्रतिमान थे। यह संबंध आध्यात्मिक और नैतिक अनुशासन का अनुबंध था, जहाँ शिष्य न केवल विद्या अर्जित करता था, बल्कि उसे अपने संस्कारों में आत्मसात् करता था।

भारतीय बौद्धिक परिवेश में ज्ञान का सृजन व्यापक सामाजिक-सांस्कृतिक संदर्भों में होता है। यहाँ ज्ञान और जीवन, लौकिक और पारलौकिक के मध्य एक समग्रता (Wholism) है। किसी भी विद्या को उसके नैतिक और आध्यात्मिक आयाम से पृथक करना असंभव था। चिकित्सा (आयुर्वेद), स्थापत्य (वास्तु) या खगोल (ज्योतिष)-सभी का प्रस्तुतीकरण एक समग्र वैश्विक दृष्टि के साथ होता था। यहाँ 'संस्कृति' केवल रीति-रिवाजों का पुंज नहीं, अपितु मानवीय अनुभवों का वह निक्षेप (Deposit) है जो पीढ़ी-दर-पीढ़ी जीवन को सुदृढ़ करता है। भारतीय संस्कृति में ज्ञान एक 'जीवन-शैली' के रूप में प्रतिष्ठित रही है, जहाँ संस्कार, अनुष्ठान और नैतिक अनुशासन ज्ञान के अभ्यास के अभिन्न अंग थे। ज्ञान की प्रामाणिकता प्रयोगशाला की अपेक्षा जीवन के प्रत्यक्ष और व्यावहारिक अनुभव से सिद्ध होती थी।

ज्ञान की यह जीवन–संबद्धता इस बात का प्रमाण है कि भारतीय ज्ञानमीमांसा (Epistemology) सदैव व्यावहारिक रही। ज्ञान यहाँ शुष्क तत्त्व नहीं, अपितु अनुभव–मूलक और साधना–सापेक्ष था। ज्ञान का चरम उद्देश्य 'जीवन की गुणवत्ता का परिष्कार' और 'निःश्रेयस' की प्राप्ति था। इसके अतिरिक्त, भारतीय बौद्धिक परिवेश में 'रस' एवं 'भाव' की प्रधानता है। ज्ञान के प्रस्तुतीकरण में केवल शुष्क तर्क नहीं, बल्कि सौंदर्य और संवेदना भी है। यही कारण है कि वेदों और उपनिषदों में तर्क के साथ–साथ भक्ति, ध्यान और योग के सूत्र भी गुम्फित हैं। सामाजिक संरचना में 'गोष्ठी' और 'सभाएँ' ज्ञान–विनिमय के जीवंत केंद्र थे। ऋषियों के मध्य होने वाले शास्त्रार्थ केवल विवाद नहीं, बल्कि सत्य के अन्वेषण के सामूहिक प्रयास थे।

इस परिवेश की एक अन्य विशेषता 'सामर्थ्य' एवं 'अनुशासन' का समन्वय था। जहाँ ज्ञान को सामर्थ्य का स्रोत माना गया, वहीं उसे आचार–संहिता के अनुशासन में भी आबद्ध किया गया। धार्मिक अनुष्ठान और यज्ञ केवल कर्मकांड नहीं थे, बल्कि ज्ञान के व्यावहारिक प्रयोग के स्थल थे। यज्ञीय चेतना ने ज्ञान को तत्त्वमीमांसा की पुस्तकों से निकालकर जन–जीवन के स्पंदन में परिवर्तित कर दिया। यह बौद्धिक परिवेश ग्राम और नगर की सामाजिक संरचनाओं से गहराई से जुड़ा था, जहाँ ज्ञान का विस्तार समय के साथ सर्वव्यापी होता गया। जैन, बौद्ध और अन्य श्रमण परंपराओं के समावेशन ने इस परिवेश को और अधिक समृद्ध और उदार बनाया।

भारतीय ज्ञान प्रतिष्ठान में स्मृति और वाचिक संरचना वैज्ञानिक दृष्टि से भी अनुकरणीय है। मन्त्रों की छन्दबद्धता, विशिष्ट स्वर–प्रक्रिया और उच्चारण की शुद्धता ने ज्ञान के संवहन हेतु एक अभेद्य दुर्ग तैयार किया। यह व्यवस्था आज के भाषा–विज्ञान और सूचना–तंत्र के लिए भी शोध का विषय है। भारत का यह परिवेश 'सांस्कृतिक समावेशन' और वैचारिक बहुलता का पोषक रहा है, जहाँ विभिन्न दृष्टिकोणों को सह–

अस्तित्व की स्वतंत्रता प्राप्त थी। इसीलिए यहाँ भीष्म की नीति और ऋषियों की समाधि, दोनों को ज्ञान की व्यापक परिधि में स्थान मिला। अंततः भारत का बौद्धिक परिवेश ज्ञान को गणनात्मक मात्राओं से ऊपर उठाकर उसे 'जीवन का संगीत' बनाता था, जहाँ ज्ञान और जीवन, श्रुति और स्मृति, गुरु और शिष्य का अद्वितीय संगम परिलक्षित होता है। यह परिवेश ही वह आधार है जिसके बिना मात्र ग्रन्थ अध्ययन से भारतीय ज्ञान के मर्म को समझना असंभव है।

अज्ञान से ज्ञान तक : चित्-शक्ति का उन्मेष

ज्ञान की यात्रा वस्तुतः एक अविरल प्रवाह है, जो निरंतर अंतर्मुखी (Subjective) और बहिर्मुखी (Objective) अनुभवों के अद्वैत संगम से स्वरूप ग्रहण करती है। प्रस्तुत विवेचन में हमारा प्रयास उस 'प्रबोधन' अथवा जागृति की अवस्था को आत्मसात् करना है, जो हमें अविद्या (अज्ञान) के गहन तिमिर से निष्क्रमित कर ज्ञान के दिव्य आलोक में प्रतिष्ठित करती है। यह जागृति मात्र तथ्यात्मक संकलन तक परिसीमित नहीं है, अपितु वह चित्-प्रभाव है जो मानवीय अंतःकरण को एक व्यापक, गम्भीर और जीवन्त ज्ञान-परंपरा से एकाकार करता है। इस सोपान पर हम उन प्राक्-कल्पनाओं (Preconceptions), मिथकों और संकुचित दृष्टियों को चुनौती देंगे जो ज्ञान के स्वरूप को जड़ बना देती हैं। साथ ही, इस बहुआयामी भारतीय ज्ञान-परंपरा के परिशीलन हेतु एक सम्यक् विमर्श का मार्ग प्रशस्त करेंगे।

अज्ञान और उसकी विविध अवस्थाएँ मानव अस्तित्व की अपरिहार्य नियति हैं। यहाँ अज्ञान केवल 'तथ्यों की अनभिज्ञता' नहीं, अपितु बुद्धि, हृदय और प्राण के उस सेतु का अभाव है जो ज्ञान के ऋत-प्रवाह को संभव बनाता है। भारत की सनातन ज्ञान-संस्कृति यह प्रतिपादित करती है कि अज्ञान मात्र एक रिक्तता नहीं, बल्कि सजीव अनुभवों के मिथ्या-बोध (Misapprehension) अथवा अपूर्ण साक्षात्कार का परिणाम है। उदाहरणस्वरूप, जब हमारी जिज्ञासा मात्र भौतिक प्रपंचों (Material Facts) के अन्वेषण तक सीमित रह जाती है, तब हम ज्ञान के उस अंतस्तत्त्व से वंचित रह जाते हैं जो जीवन को व्यापक, अर्थपूर्ण और पूर्णता प्रदान करता है। इस प्रबोधन का मुख्य पक्ष यह है कि ज्ञान को संग्रहालय और ग्रंथालय की निर्जीव वस्तुओं के रूप में देखने के स्थान पर एक अविराम प्रवाहित सरिता के रूप में अंगीकार किया जाए।

चेतना का विकास और 'ज्ञान-जीवन' अद्वैत

भारतीय ज्ञान-परंपरा में ज्ञान केवल मान्यताओं का समुच्चय नहीं, अपितु उस सूक्ष्म चेतना (Subtle Consciousness) की अवस्था है जो स्वयं का और जगत् का बोध प्राप्त करती है, उसे अनुभूत करती है और अंततः द्वैत का अतिक्रमण करती है। इस चेतना के संवर्धन में भाषा, तर्क, अनुभूति और आचरण की महती भूमिका है। यहाँ ज्ञान और जीवन परस्पर अभिन्न हैं। अतः ज्ञान का चरम लक्ष्य केवल वैयक्तिक उपलब्धि या सामाजिक उपलब्धि नहीं, अपितु 'जीवन-प्राणवत्ता' की उपलब्धि है। इसी परिप्रेक्ष्य में 'जानना' (बोध) और 'जीवन्त होना' (अस्तित्व) दो पृथक अवस्थाएँ न होकर एक-दूसरे की पूरक हैं।

प्रायः ज्ञान को एक स्थिर और अपरिवर्तनीय संचय मान लिया जाता है–जैसे कोई अभेद्य पर्वत हो, जिसकी दुर्गम चोटी पर पहुँचकर एकांत की प्राप्ति होती हो। किंतु भारतीय दर्शन हमें यह शिक्षा देता है कि ज्ञान कभी भी जड़ या स्थिर तत्त्व नहीं हो सकता; वह तो निरंतर प्रवाहमान, वर्धनशील और रूपांतरणकारी है। यहाँ ज्ञान की सरिता विविध स्रोतों से आपूरित होती है–श्रुति (Aural Tradition), स्मृति (Reflective Wisdom), अनुभव (Experience), तर्क (Logic) और आचरण (Practice)–और प्रत्येक स्रोत इस ज्ञान-धारा को पूर्णता प्रदान करता है।

यह दृष्टिकोण पाश्चात्य ज्ञान-मीमांसा से तात्विक रूप से

भिन्न है, जहाँ ज्ञान को बहुधा वस्तुनिष्ठ (Objective), परीक्षणीय (Empirical) और यांत्रिक (Mechanical) माना जाता है। भारतीय परंपरा में ज्ञान का अनुभवजन्य, आध्यात्मिक और समष्टिगत स्वरूप उसे एक गहन सांस्कृतिक एवं मनोवैज्ञानिक अधिष्ठान प्रदान करता है। यह ज्ञान मात्र बौद्धिक मीमांसा नहीं, अपितु एक जीवन-पद्धति, एक व्यवहार-संहिता और एक ऐसी वैचारिक प्रणाली है जो व्यष्टि और समष्टि के अभ्युदय में सहायक होती है।

अज्ञान से ज्ञान की ओर प्रवास: पूर्वधारणाओं का परिहार

अविद्या से विद्या की ओर यह प्रवास सहज साध्य नहीं है। सामान्यत: हम ज्ञान को केवल सूचना, तर्क या ग्रन्थाश्रित विमर्श तक सीमित कर देते हैं। किंतु जब हम भारतीय ज्ञान-परंपरा के मर्म को स्पर्श करते हैं, तो ज्ञात होता है कि इसका क्षितिज अत्यंत विस्तृत है–यह यहाँ अनुभव की विविध धाराओं से लेकर संस्कारों, लोकाचारों, नैतिक विधानों और आध्यात्मिक अनुशासनों तक व्याप्त है। अत: यह प्रयास इस बहुस्तरीय ज्ञान-संपदा की समझ को विकसित करने हेतु है, जिससे हम पुन: ज्ञान के मूल स्वरूप का साक्षात् कर सकें।

इस यात्रा का प्रथम निर्णायक क्षण पूर्वधारणाओं की समीक्षा है। हमारे मानस में कुछ रूढ़ मान्यताएँ घर कर लेती हैं–जैसे ज्ञान मात्र पुस्तकीय है, धर्म केवल कर्मकांड है, अथवा दर्शन मात्र शुष्क वितंडा है। ऐसी संकुचित धारणाएँ ज्ञान की बहुआयामी व्यापकता को अवरुद्ध कर देती हैं। वस्तुत: भारतीय ज्ञान-परंपरा में धर्म, दर्शन, विज्ञान, कला, योग, नीति, इतिहास और चर्या–ये सभी परस्पर गुम्फित हैं। प्रत्येक आयाम अपने स्थान पर ज्ञान की गम्भीरता को परिभाषित करता है। इसलिए, इस अध्याय में हम इन संकीर्ण मान्यताओं को चुनौती देंगे, ताकि अग्रिम अध्ययन हेतु एक उर्वर मानसिक भूमि निर्मित हो सके।

उदाहरणस्वरूप, आधुनिक युग में 'धर्म' को संकुचित 'Religion' के पर्याय के रूप में देखा जाता है, जो केवल पंथ

या उपासना-पद्धति तक सीमित है। किंतु भारतीय ज्ञान-परंपरा में 'धर्म' एक व्यापक धारण-शक्ति (Universal Order) है जो जीवन के समस्त क्षेत्रों का नियमन करती है-सामाजिक व्यवहार, शुचिता, कर्तव्य, अध्यात्म और अधिकार। इसी प्रकार, 'ज्ञान' मात्र सूचनात्मक प्रवीणता नहीं, अपितु जीवन को संचालित करने वाला 'ऋत-बोध' है। अज्ञान से मुक्ति हेतु यह जागरण अनिवार्य है कि ज्ञान को मात्र अकार्बनिक सामग्री न मानकर उस चेतना के रूप में स्वीकार किया जाए जो जीवन के प्रत्येक अणु में स्पंदित है।

अनुभव, अनुभूति और नित्य प्रवाह

इस प्रबोधन का द्वितीय महत्वपूर्ण पक्ष व्यावहारिक अनुभव (Practical Experience) और आंतरिक अनुभूति (Intuitive Realization) की प्रधानता है। भारतीय मनीषा ज्ञान को मात्र बाह्य प्रमाण या परकीय तर्क पर आश्रित नहीं मानती, अपितु आत्म-अनुभव (Self-Experience) को सर्वोपरि मानती है। उदाहरण के लिए, वेदान्त में केवल श्रवण (Scriptural Study) पर्याप्त नहीं है, अपितु मनन, निदिध्यासन और अंत:प्रकाशन अनिवार्य है। योग और तत्त्वज्ञान के मार्ग पर आध्यात्मिक साधना ज्ञान के अनुभव-आधार को ऊर्जस्वित करती है। अत: ज्ञान की प्राप्ति केवल ग्रन्थों से संभव नहीं, अपितु आत्म-साक्षात्कार और जीवन के साथ तादात्म्य स्थापित करने से ही संभव है।

तृतीय पक्ष ज्ञान को 'सीमित' या 'समाप्त' समझने की भ्रांति का निवारण है। जब हम ज्ञान को स्थूल संरचनाओं-ग्रन्थों, सिद्धांतों या नियमों-तक सीमित कर देते हैं, तब हम उसकी अनंतता को संकुचित कर देते हैं। भारतीय दृष्टि में ज्ञान अनादि और अनंत है; यह एक नित्य प्रवाहित महासमुद्र है। ज्ञान का यह पारावार कभी रिक्त नहीं होता, अपितु उसे समझने, विस्तार देने और पुन: नव्यायित (Rejuvenate) करने की परंपरा सतत् प्रवाहमान रहती है। यही कारण है कि 'ऋषि', 'शास्त्र',

'मीमांसा' और 'दर्शन' की परंपराओं में वैचारिक मंथन कभी विश्राम नहीं लेता। यह ज्ञान-संस्कृति गत्यात्मक (Dynamic) और विकासोन्मुख है।

ज्ञान के विविध स्रोत: एक समग्र समन्वय

चतुर्थ पक्ष ज्ञान के स्रोतों की बहुमुखी स्वीकार्यता है। पाश्चात्य ज्ञान-पद्धतियों में प्राय: ज्ञान के स्रोत सीमित होते हैं- मुख्यत: तर्क या प्रत्यक्ष प्रयोग। किंतु भारतीय परंपरा में 'श्रुति' (अपौरुषेय एवं अनादि ज्ञान), 'स्मृति' (परंपरागत एवं रक्षित ज्ञान), 'अनुभव' और 'तर्क'-सभी ज्ञान के मान्य प्रमाण हैं। इन स्रोतों का समन्वित और परस्पर पूरक स्वरूप ही ज्ञान को सजीव बनाता है। श्रुति परंपरा ज्ञान की वह आध्यात्मिक आधारशिला है जिसे मानव ने निर्मित नहीं किया, अपितु ऋषित्व की अवस्था में अनुभूत किया। स्मृति परंपरा मानव-संस्कृति में उस ज्ञान के रूपांतरण और परीक्षण की प्रक्रिया है। तर्क विचारों का शोधन करता है और अनुभव उन्हें व्यावहारिक अधिष्ठान प्रदान करता है।

इस जागृति का पथिक वह समग्रवादी (Holistic) होता है जो ज्ञान को उसके पूर्ण संदर्भ में देखता है। वह न केवल तर्क-जाल में उलझता है, न केवल सूत्रों के संचय में विलीन होता है, बल्कि यह भलीभाँति जानता है कि ज्ञान की सार्थकता उसे आचरण (Practice) में ढालने और जीवन की गुत्थियों के समाधान में है।' जीवन-जीवन्तता' की उपलब्धि इसी ज्ञान से संभव है, जो मात्र बौद्धिकता तक सीमित न रहकर अध्यात्म, नैतिकता और व्यवहार के साथ समेकित हो।

दार्शनिक सूत्र और लोक-प्रज्ञा

इस प्रबोधन को सुदृढ़ करने हेतु हम कुछ शास्त्रीय वचन और आख्यान प्रस्तुत करते हैं जो इस दार्शनिक पृष्ठभूमि को समझने में सहायक होंगे:

एक उद्घोष है- 'यथा विद्या: तथाऽहम्।' जानत तुमहीं

तुमहीं होई जाहीं अर्थात्, जीव जैसा ज्ञान प्राप्त करता है, वैसा ही उसका स्वरूप निर्मित होता है। यह सूत्र स्मरण कराता है कि ज्ञान मात्र बाह्य सूचना नहीं, अपितु आंतरिक रूपांतरण (Transformation) की प्रक्रिया है।

एक लोक-कथा के अनुसार, जब शिष्य ने गुरु से पूछा- 'ज्ञान क्या है?', तब गुरु ने उत्तर दिया- 'ज्ञान वह दीपक है जो अपने प्रकाश से अज्ञान का तिमिर हर लेता है। किंतु स्मरण रहे, यह दीपक केवल बाह्य जगत् को नहीं, अपितु अंत:करण को आलोकित करना चाहिए।' यह कथा ज्ञान के अंत:प्रकाशन (Self-Illumination) की आवश्यकता को रेखांकित करती है। इस प्रबोधन का मूल मर्म यही है कि ज्ञान वह स्थिर वस्तु नहीं है जिसे मात्र संग्रहित कर जड़ कर दिया जाए, अपितु वह एक जीवंत प्रक्रिया है जो अज्ञान के तमस को विदीर्ण करती है, जीवन में ज्योति का संचार करती है और सुधी मनुष्य को उसकी अस्तित्व-यात्रा में मार्गदर्शित करती है।

अंतत: इस परिचयात्मक विवेचन के उपरांत हम उस विस्तृत और बहुआयामी भारतीय ज्ञान-परंपरा के अन्वेषण की ओर अग्रसर होंगे, जहाँ वेदों के आर्ष ज्ञान से लेकर दर्शन के तर्क-प्रवाह तक, धर्म की व्यापक दृष्टि से लेकर शास्त्रों के सुव्यवस्थित संदेशों तक, हम ज्ञान के उस पूर्ण स्वरूप को समझेंगे जो भारतीय सभ्यता की आत्मा रहा है। यह यात्रा न केवल बौद्धिक तुष्टि हेतु है, अपितु आचरण, जीवन-शैली और आध्यात्मिक चिंतन के लिए ज्ञान के अन्त:सामर्थ्य को उद्‌घाटित करने हेतु है।

आगे के अध्यायों में आप अनुभव करेंगे कि वेद और श्रुति की संरचना इतनी गम्भीर और सघन क्यों है कि वे परंपरागत ज्ञान की सीमाओं का अतिक्रमण कर ज्ञान-सिंधु के आनंद का अनुभव कराने लगती हैं। तब तक इन मूलभूत प्रश्नों पर आत्म-चिंतन करें:

1. क्या आपके मानस में अभी भी ज्ञान की कोई ऐसी संकीर्ण धारणा शेष है जिसका परित्याग आवश्यक है?

2. क्या आपने कभी 'ज्ञान' को मात्र सूचना या शुष्क पुस्तकीय बोध तक सीमित माना है?
3. क्या आप ज्ञान को एक जीवंत, बहुआयामी और नित्य प्रवाहित सरिता के रूप में देखने हेतु तत्पर हैं?
4. अज्ञान से ज्ञान के इस प्रवास में आपको किस धरातल पर सर्वाधिक चुनौती अनुभूत होती है–तर्क, अनुभव, अथवा आचरण?
5. क्या आप इस सत्य को स्वीकार करते हैं कि ज्ञान का चरम उद्देश्य केवल वैयक्तिक लाभ नहीं, अपितु सामाजिक और आध्यात्मिक कल्याण (लोकमंगल) है?

इन प्रश्नों का अन्वेषण आपके आगामी परिशीलन और चिंतन को गम्भीर, व्यापक और सार्थक बनाएगा। भारतीय ज्ञान-परंपरा का यही सौम्य किंतु दृढ़ आग्रह है–कि आप 'जानें' और फिर उसे 'जीएँ'। तभी यह ज्ञान आपके अस्तित्व को सार्थकता और पूर्णता प्रदान कर सकता है। इस प्रबोधन के साथ ही, आगामी अंशों में दार्शनिक व्याख्याएँ और सूक्ष्म विवरण आपको एक सजीव ज्ञान-सागर में निमज्जित करते रहेंगे।

अध्याय 2

शब्द और संदर्भ : अर्थ-मीमांसा की शास्त्रीय पद्धति

प्राचीन भारतीय ज्ञान-परंपरा में भाषाविज्ञान (Linguistics/ Vyakarana) का स्थान अत्यंत विशिष्ट, गहन और अधिभौतिक है। यह अनुशासन केवल भाषा के संरचनात्मक नियमों अथवा पद-विन्यास तक परिसीमित नहीं था, अपितु यह ज्ञान, साक्षात्कार और परमार्थिक यथार्थ के स्वरूप से तादात्म्य रखता था। भारतीय भाषाविज्ञान की आधारशिला, विशेषकर महर्षि पाणिनि की व्याकरणिक पद्धति के आलोक में, यह प्रतिपादित करती है कि भाषा मात्र संव्यवहार (Communication) का उपकरण नहीं है, बल्कि यह चित्-शक्ति, संवित्, संस्कार और ब्रह्मांडीय संरचनाओं का प्रतिबिम्बन है। इस दृष्टि से, भाषावैज्ञानिक अवयव स्थूल शब्द की सीमा का अतिक्रमण कर 'श्रुति' (ध्वनि-संवेदन), 'अर्थ' (सार्थकता) और 'शास्त्र' (शाश्वत नियमन) के व्यापक फलक पर प्रतिष्ठित होते हैं।

पाणिनीय काल में भारतीय भाषाविज्ञान ने जिस सूक्ष्मता, तर्क-सम्मतता और वैज्ञानिक प्रामाणिकता को प्राप्त किया, वह वैश्विक भाषाई चिंतन के इतिहास में अद्वितीय है। उनके व्याकरण को केवल भाषा का संक्षिप्त नियम-संग्रह (Manual) नहीं माना जा सकता, अपितु इसे शब्द-ब्रह्म, तत्त्वमीमांसा, ध्यान-प्रक्रिया और आध्यात्मिक दर्शन की समेकित प्रज्ञा का प्रतिफल स्वीकार किया जाना चाहिए। यह पारम्परिक संस्कृत विद्या, जिसे 'आयामिका भाषा' (Multidimensional Hermeneutics) की संज्ञा

दी गई है, केवल पारिभाषिक संहिताओं का पुंज नहीं है, अपितु वह भाषा के माध्यम से संपूर्ण जीवन-प्रपंच, ब्रह्मांड और मानव-कोष (Human Sheaths) का परिचायक है। भारतीय भाषाविज्ञान के इस वैशिष्ट्य के मूल में 'ध्वनि' और 'शब्द' की दैवीय सामर्थ्य का साक्षात्कार सन्निहित है। यहाँ शब्द मात्र 'ध्वनि-संघात' नहीं, अपितु उस सांकेतिक तंत्र का अंग हैं जो लौकिक, पारलौकिक और अनुभूतिजन्य आयामों को अल्प-अक्षर (Conciseness) और विस्तार में समाहित करता है। इसका प्रभाव न केवल व्याकरणिक पक्ष तक सीमित रहा, बल्कि यह उपनिषद्‍ीय तत्त्वज्ञान और सांस्कृतिक प्रवृत्तियों में गहन अर्थ-सृजन एवं संस्कारों की अभिव्यक्ति का मूलाधार बना। शब्द और ध्वनि का यह योगात्मक अनुशीलन भाषाविज्ञान को एक 'अध्यात्म-वैज्ञानिक' अनुशासन के रूप में प्रतिष्ठित करता है, जो भाषायी अभिव्यक्ति की पृष्ठभूमि में 'शब्द' से 'सत्य' (ब्रह्म) तक का मार्ग प्रशस्त करता है।

पाणिनीय व्याकरण: संरचनात्मक वैशिष्ट्य एवं वैज्ञानिक प्रज्ञा

संस्कृत व्याकरण के प्रधान सूत्रकार महर्षि पाणिनि विरचित 'अष्टाध्यायी' भाषाविज्ञान के इतिहास में एक कालजयी कीर्तिस्तंभ है। द्वितीय शताब्दी ईसा पूर्व से संबद्ध यह ग्रन्थ मात्र 3959 सूत्रों का एक अत्यंत संरचित और व्यवस्थित सूत्र-जाल है, जो भाषा के समस्त सूक्ष्म पक्षों का नियमन करता है। पाणिनि का यह शास्त्र काव्य, नाट्य, दर्शन और शब्दशास्त्र के क्षेत्र में शाश्वत अन्वेषण का स्रोत रहा है।

पाणिनीय पद्धति केवल पद-सिद्धि और मात्रा-विन्यास का नियमन नहीं करती, अपितु यह भाषा के प्रत्येक घटक-अक्षर, मात्रा, पद, वाक्य और वाक्यांश-के प्रकार्यात्मक (Functional) और मानक स्वरूप को अधोरेखांकित करती है। इसकी वैज्ञानिकता विशेष रूप से संयोजन-विन्यास (Syntax), प्रत्यय,

उपसर्ग और स्थानबद्धता (Positioning) के निर्देशात्मक नियमों में परिलक्षित होती है। परवर्ती आचार्यों ने इस सूत्र-पद्धति को भाषा के विश्लेषण की अपरिहार्य विधि स्वीकार किया है। यह प्रणाली क्रिया-धातु, संधि-नियम, विभक्ति और कारक-मीमांसा को सूक्ष्मतम धरातल पर नियंत्रित करती है, जिसका प्रत्यक्ष परिणाम भाषायी व्यवहार में अर्थ की सुनिश्चितता और असंदिग्ध संदर्भ-निर्माण में होता है।

नियमों को 'परिभाषा', 'सूत्र', 'आगम', 'उपपद' और 'प्रत्यय' जैसी पारिभाषिक शब्दावली में आबद्ध कर पाणिनि ने भाषाविज्ञान को एक पद्धतिबद्ध अनुशासन बनाया। अष्टाध्यायी में 'धातु' को मूल अधिष्ठान मानकर उससे विविध रूपावलियों का निर्माण होता है। महर्षि पतंजलि ने 'महाभाष्य' में इन सूत्रों की दार्शनिक और शब्दार्थीय मीमांसा करते हुए स्पष्ट किया कि व्याकरण केवल भाषायी विन्यास नहीं, अपितु तर्क-पद्धति और प्रज्ञा के परिष्कार की प्रक्रिया है।

शब्द से सार्थकता तक: अर्थ-मीमांसा का स्वरूप

भारतीय भाषाविज्ञान भाषा के बाह्य कलेवर के साथ-साथ उसके अंतर्निहित 'अर्थ' के रहस्यों को भी उद्घाटित करता है। शब्द यहाँ मात्र वर्णों का संयोग नहीं, अपितु सांकेतिक, सांस्कृतिक और आध्यात्मिक अर्थों के वाहक हैं। वे ज्ञान, संस्कार और ब्रह्मांडीय तत्त्वों के जीवंत प्रतिबिंब हैं। अर्थ-मीमांसा में 'श्रुति' का महत्त्व सर्वोपरि है; यह केवल श्रवण-मात्र नहीं, अपितु नाद के माध्यम से संस्कारों का अविकृत संचरण है।

पाणिनीय वर्णमाला (माहेश्वर सूत्र) को केवल वर्ण-समूह न मानकर ब्रह्मांडीय ध्वनियों का विन्यास माना गया है। प्रत्येक वर्ण अपने प्रभाव-क्षेत्र और 'नाद' से समन्वित है, जो दैहिक, मानसिक और आध्यात्मिक स्तरों पर स्पंदित होता है। स्वर और व्यंजन की भूमिका यह सिद्ध करती है कि भाषा मात्र तार्किक नहीं, अपितु रहस्यात्मक और अनुभूत्यात्मक तत्त्वों से ओतप्रोत

है। ध्वनियों का यह सामंजस्य वैदिक यज्ञों और मन्त्र-साधना से सम्बद्ध है, जहाँ शब्द की 'अमोघ शक्ति' संपूर्ण परिवेश को प्रभावित करती है। 'ध्वनि' को यहाँ एक वैश्विक ऊर्जा (Cosmic Energy) के रूप में स्वीकार किया गया है, जिससे सृष्टि का सृजन, संधारण और लय नियंत्रित होता है। भाषा यहाँ साध्य न होकर वह 'साधन' है जो अंतःकरण और बाह्य जगत् के मध्य सेतु निर्मित करती है।

व्याकरण और संस्कारों का अन्तःसम्बन्ध

भारतीय भाषाविज्ञान की विशिष्टता इसकी शास्त्रीयता में है, जो धार्मिक, सांस्कृतिक और आध्यात्मिक अनुष्ठानों हेतु सुदृढ़ आधार प्रदान करती है। वेदों के मन्त्रों का सम्पादन और विनियोग भाषा की शुद्धता, सटीक उच्चारण (शिक्षा) और पद-पाठ के नियमों पर आश्रित है। मन्त्रों का यथार्थ पाठ यह प्रमाणित करता है कि भाषा में केवल संदेश नहीं, अपितु ऋत (Cosmic Order) की ऊर्जा प्रवाहित होती है।

आचार्यों ने भाषा को 'शास्त्र' के रूप में प्रतिष्ठित किया है–'शास्' धातु के अनुसार यह केवल वाक्-व्यवहार का नियम नहीं, अपितु आचरण, अनुष्ठान और जीवन-दर्शन का नियामक है। यज्ञ, तंत्र-साधना और मन्त्र-जप में भाषा की भूमिका ब्रह्मांडीय शक्तियों से संवाद की है। व्याकरण यहाँ वैज्ञानिक उपकरण के साथ-साथ 'श्रुति' के संरक्षण का माध्यम भी है। इसे एक 'दिव्य अनुष्ठान' की भाँति प्रतिष्ठित किया गया है, जहाँ शब्द और नियम पवित्रता के अधिष्ठान बनते हैं।

भाषाः ज्ञान-विज्ञान और आध्यात्मिक अनुशासन

भारतीय मनीषा में व्याकरण को 'विद्या' और 'शास्त्र' के रूप में पूजा गया है। यह ज्ञान के संकलन के साथ-साथ एक आध्यात्मिक तपस्या भी है। इसके अंतर्गत केवल रूपात्मक व्यवहार का अध्ययन नहीं होता, अपितु चेतन प्रवृत्तियों और ब्रह्मांडीय नियमों का बोध भी सम्मिलित है। जैसे ध्यान और

योग की एक सुनिश्चित प्रक्रिया होती है, वैसे ही भाषाशास्त्र भी तथ्यों और अनुभूतियों को सुव्यवस्थित करता है। यह मनुष्य को 'बोध' (Enlightenment) की ओर अग्रसर करने वाला सोपान है।

कारक-सिद्धांत, धातु-प्रत्यय की प्रक्रिया और समास-नियम न केवल भाषायी विधियाँ हैं, बल्कि वे तर्क-शक्ति को जाग्रत कर ज्ञान-अन्वेषण की क्षमता प्रदान करती हैं।' शब्द-प्रयोजन' और 'वाक्य-निर्माण' के नियम बुद्धि को परिष्कृत करते हैं, जो एक ओर 'तकनीकी भाषाविज्ञान' है, तो दूसरी ओर जगत् के रहस्यों को अनावृत करने वाली मनोवैज्ञानिक और आध्यात्मिक प्रविधि।

शब्दों के गुह्य अर्थ और वेदान्त दर्शन

भारतीय भाषाशास्त्र केवल तर्क तक सीमित नहीं रहता, अपितु यह शब्दार्थ की बहुआयामी व्याख्या और सूक्ष्म अर्थों को भी स्थान देता है। वेदान्त दर्शन में शास्त्रार्थ के माध्यम से स्पष्ट किया गया कि शब्द केवल बाह्य सत्ता को परिभाषित नहीं करते, बल्कि वे सूक्ष्म ज्ञान के संवाहक हैं। उपनिषदों में शब्दों को 'ब्रह्म' के विराट् स्वरूप के पटल पर स्थापित किया गया है।

- **'अहम्'**: यह मात्र सर्वनाम नहीं, अपितु आत्म-व्यंजक और 'सोऽहम्' की अनुभूति का केंद्र है।
- **'वाक्'**: यह 'ब्रह्म' अथवा 'सत्य' की साक्षात् अभिव्यक्ति है।
- **'मन्त्र'**: यह शब्दों की वह अतीन्द्रिय शक्ति है जिससे चैतन्य का सम्पात होता है।

शब्द के विश्लेषण में मात्र ध्वनि ही नहीं, अपितु उसका उच्चारण-स्थान, संदर्भ (प्रसंग) और ऐतिहासिक-सांस्कृतिक पृष्ठभूमि का समावेशन अनिवार्य है। भाषा का विश्लेषण करते समय उस 'परिसर' को ग्रहण करना आवश्यक है जहाँ नाद, अर्थ, संदर्भ और प्रयोजन का त्रैमासिक संतुलन निर्मित होता है।

व्याकरणः नियामक, संस्कारक और साधन

भारतीय दृष्टि में व्याकरण भाषा के नियमन के साथ-साथ

संस्कारों का आधार भी है। इसकी शास्त्रीयता भाषा को एक विशिष्ट दिशा प्रदान करती है, जिससे ज्ञान के सम्प्रेषण में प्रांजलता, विनय और निर्णीतता आती है। शास्त्रों और वेदों के परिशीलन में व्याकरण का अनुपालन अपरिहार्य है; इसके अभाव में भाषा का दुरुपयोग 'सत्य' और 'अनृत' (मिथ्या) के मध्य भ्रम उत्पन्न कर सकता है। भाषायी अनुशासन से ही सांस्कृतिक विरासत और दैवीय ज्ञान संरक्षित रह सके हैं।

भाषा की ब्रह्मांडीय व्यापकता

भारतीय भाषाविज्ञान की नींव में व्याकरणिक नियमों के अतिरिक्त एक समग्र ब्रह्मांडीय दृष्टिकोण (Cosmic Outlook) सन्निहित है। यह ज्ञान-संस्कृति की वह धुरी है जहाँ भाषा संव्यवहार के धरातल से ऊपर उठकर ज्ञान, चेतना और अध्यात्म की परावाणी बन जाती है। महर्षि पाणिनि की पद्धति न केवल शब्दशास्त्र में, बल्कि दर्शन और जीवन-दर्शन में भी केंद्रीय है।

शब्द और ध्वनि के गूढ़ तत्त्वों की मीमांसा और उनका साक्षात्कार भारतीय भाषाविज्ञान को एक अद्वितीय और आध्यात्मिक अनुशासन बनाता है। भाषा के साथ इस समग्र संलयन के कारण, भारतीय परंपरा में इसका अध्ययन केवल तकनीकी कार्य नहीं, बल्कि अनंत यथार्थ (Absolute Reality) को अनावृत करने का एक सुव्यवस्थित मार्ग है। पाणिनि द्वारा स्थापित वैज्ञानिक विश्लेषण, वैदिक नाद का आध्यात्मिक वैभव और भाषा को दिव्य चित्-शक्ति मानने की वृत्ति इसे एक कालजयी प्रज्ञा बनाती है, जिसका प्रभाव भारतीय ज्ञान-संस्कृति के कण-कण में व्याप्त है।

न्याय परंपरा: तर्क-पद्धति एवं विश्लेषण मीमांसा

भारतीय ज्ञान-परंपरा में न्याय दर्शन की भूमिका न केवल आधारभूत है, अपितु यह समस्त विधाओं का प्रदीप माना गया है। यह मात्र तार्किक नियमों का संकलन नहीं है, अपितु ज्ञानोपलब्धि के सिद्धांतों, प्रमाण-मीमांसा तथा शब्द और अर्थ

के अंतर्संबंधों का गहन शास्त्रीय विन्यास है। 'न्याय और आन्वीक्षकी' का पदबंध (न्यायशास्त्र एवं उसकी तर्क-प्रक्रिया) संपूर्ण भारतीय वाङ्मय का वह स्तंभ है, जिसने न केवल शास्त्रार्थ और वाद-जल्प-वितंडा के मानक स्थापित किए, बल्कि दर्शन की एक व्यवस्थित ज्ञानमीमांसीय (Epistemological) पद्धति का विकास भी किया। इस विमर्श में हम न्याय की विचार-सरणि के माध्यम से तर्क, अनुमान, प्रस्तुतीकरण और सत्य के संदर्भ-साधन की समीक्षा करेंगे। साथ ही, इसके दार्शनिक, भाषिक और तार्किक पक्षों को आधुनिक संदर्भ-प्रक्रिया के साथ संयोजित कर इसकी शाश्वत महत्ता का प्रतिपादन करेंगे।

प्राचीन भारतीय तर्कशास्त्र (अन्वीक्षिकी) में 'न्याय' शब्द की व्युत्पत्ति अत्यंत गंभीर है। यह केवल 'न्यायिक निर्णय' तक सीमित नहीं है, अपितु यह 'नीयते विवक्षितार्थः अनेन' अर्थात् जिसके द्वारा विवक्षित अर्थ (सत्य) की प्राप्ति हो, वही न्याय है। यह सम्यक् मार्ग और विवेकपूर्ण विवेक (Discrimination) का प्रतीक है। सामान्यतः न्याय दर्शन को तर्क, प्रज्ञा और प्रमाण के त्रिवेणी-संगम के रूप में स्वीकार किया जाता है। यहाँ तर्क का प्रयोजन केवल खंडन-मंडन नहीं, अपितु सत्य के साक्षात्कार की एक अनुशासित प्रक्रिया है। यह अन्वीक्षिकी ज्ञानमीमांसा का अनुपम स्रोत है, क्योंकि यहाँ ज्ञान के प्रमाण, उसकी प्रामाणिकता (Validity) और सत्यापन हेतु एक सुदृढ़ तर्क-तंत्र विकसित किया गया है। न्याय के तात्त्विक धरातल पर ज्ञानोपलब्धि के चार मुख्य साधनों-प्रत्यक्ष, अनुमान, उपमान और शब्द-को स्वीकार किया गया है। यहाँ केवल इंद्रिय-जन्य ज्ञान ही पर्याप्त नहीं है, अपितु लिंग-परामर्श (Inference) और आगम (Authority) का तार्किक विनियोग भी अनिवार्य है।

न्याय की तर्क-संरचना: पंचावयव एवं स्वरूप

न्याय दर्शन में तर्क (Reasoning) का स्थान सर्वोपरि है।

तर्क का अर्थ है–किसी प्रतिज्ञा की सत्यता अथवा असत्यता को प्रमाणों के आधार पर सुव्यवस्थित करना। न्याय में इसे 'प्रमाणैरर्थपरीक्षणं न्यायः' कहा गया है, अर्थात् प्रमाणों के द्वारा अर्थ की परीक्षा करना ही न्याय है। न्याय दर्शन ने तर्क के प्रस्तुतीकरण हेतु एक औपचारिक रूपरेखा प्रस्तुत की है, जिसे 'न्याय-अवयव' कहा जाता है। यद्यपि प्राचीन परंपरा में इसके विभिन्न स्वरूप रहे हैं, किंतु इसकी शास्त्रीय संरचना मुख्य रूप से तर्क की परिशुद्धता सुनिश्चित करती है। पाठ में वर्णित प्रस्तुति के अंगों का दार्शनिक स्वरूप इस प्रकार है:

1. **प्रतिज्ञा (प्रस्ताव):** साध्य का निर्देश करना। अर्थात् वह कथन जिसे सिद्ध करना है। यथा– 'पर्वत अग्निमान है।' यह सुस्पष्ट और संशय-रहित होना चाहिए।
2. **हेतु (कारण):** साध्य की सिद्धि के लिए लिंग या निमित्त का प्रस्तुतीकरण। यथा– 'क्योंकि वहाँ धूम है।' यह हेतु ही तर्क का प्राण है।
3. **उदाहरण (दृष्टांत):** हेतु और साध्य के मध्य व्याप्ति (Universal Relation) को दर्शाने वाला लोक-प्रसिद्ध दृष्टांत। यथा– 'जहाँ-जहाँ धूम होता है, वहाँ-वहाँ अग्नि होती है, जैसे महानस (रसोई)।'
4. **उपनय (उद्देश्य/प्रयोग):** दृष्टांत के आधार पर हेतु को साध्य के साथ वर्तमान पक्ष में घटाना। यथा– 'इस पर्वत पर भी वैसा ही धूम है।'
5. **निगमन (निष्कर्ष):** हेतु के आधार पर प्रतिज्ञा की पुनरावृत्ति कर उसे सिद्ध मानना। यथा– 'अतः यह पर्वत अग्निमान है।'

यह पंच-अवयव वाक्य अथवा पंच अवयव विमर्श न्यायशास्त्र में तर्क के निर्दोष प्रस्तुतीकरण का मूलाधार है। इसके माध्यम से ही न्यायशास्त्र प्रमाणिकता, भ्रामकता और हेत्वाभास (Fallacies) का सूक्ष्म विवेचन करता है।

अनुमान और प्रमाण: ज्ञान की युक्तियाँ

न्याय दर्शन में 'प्रमाण' ज्ञान का वह करण है जिससे यथार्थ अनुभव की प्राप्ति होती है। इसमें 'अनुमान' (Inference) विशेष

रूप से तर्क-तंत्र का केंद्र है। 'अनुमान' का शाब्दिक अर्थ है- 'अनु' (पश्चात्) 'मान' (ज्ञान), अर्थात् प्रत्यक्ष ज्ञान के पश्चात् होने वाला तार्किक बोध। जब हम किसी अदृश्य वस्तु का ज्ञान उसके दृश्य लक्षणों (लिंग) के माध्यम से प्राप्त करते हैं, तो वह अनुमान कहलाता है।

न्याय के अनुसार अनुमान की प्रामाणिकता हेतु 'व्याप्ति' (अविनाभाव संबंध) का ज्ञान होना अनिवार्य है। यदि धूम और अग्नि के मध्य नित्य संबंध (Concomitance) की सुनिश्चितता न हो, तो अनुमान दोषपूर्ण होगा। न्याय ने अनुमान के भेदों और दोषों का अत्यंत वैज्ञानिक विश्लेषण किया है। तर्क-शुद्धि के लिए हेत्वाभास (तर्क-दोष) का ज्ञान आवश्यक है। यदि हेतु अनैकांतिक, विरुद्ध, असिद्ध या कालातीत हो, तो वह सत्य की स्थापना में अक्षम होता है। न्याय के इन सूक्ष्म विवेचनों ने भारतीय तर्कशास्त्र को वह धार प्रदान की, जिससे भ्रामक प्रवृत्तियों का समूल उच्छेदन संभव हुआ।

वाद-प्रतिवाद और 'न्याय पद्धति' का वैशिष्ट्य

न्याय दर्शन केवल शुष्क नियमों का प्रतिपादन नहीं करता, अपितु यह संवाद-शास्त्र का भी मार्ग प्रशस्त करता है। यहाँ सत्य के अन्वेषण हेतु तीन प्रकार की कथाएँ (Discourse) वर्णित हैं-वाद, जल्प और वितंडा। इनमें 'वाद' को सर्वश्रेष्ठ माना गया है क्योंकि इसका उद्देश्य विजय प्राप्त करना नहीं, अपितु 'तत्त्व-बुभुत्सा' (सत्य को जानने की इच्छा) है।

यहाँ 'न्याय पद्धति' का अभिप्राय तर्क के उस अविच्छिन्न प्रवाह और संगति (Consistency) से है, जो विमर्श को दिग्भ्रमित होने से बचाती है। वहन्या य पद्धति तार्किक निरंतरता है जो वाक्यों के समूह को एक सुसंगत 'वाक्य' या वैज्ञानिक विश्लेषण में रूपांतरित कर देती है। यह पद्धति संदर्भ के अनुसार तर्क की दिशा निर्धारित करती है। न्यायशास्त्र यह स्वीकार करता है कि प्रत्येक तर्क एक विशिष्ट संदर्भ (Context) में प्रासंगिक होता

है। देश, काल और परिस्थिति के अनुसार तर्क की प्रविधि में जो लचीलापन और पुनर्निर्माण की क्षमता है, वह न्याय का ही पंचावयव न्याय पद्धति गुण है।

न्याय, दर्शन और सत्ता-मीमांसा

न्याय की तर्क-प्रणाली केवल भाषाविज्ञान तक सीमित नहीं है, अपितु यह सत्ता-मीमांसा (Ontology) और प्रमाण-मीमांसा से भी ओतप्रोत है। महर्षि गौतम विरचित 'न्यायसूत्र' में षोडश पदार्थों (प्रमाण, प्रमेय, संशय आदि) का विवेचन केवल बौद्धिक व्यायाम नहीं, अपितु मोक्ष-प्राप्ति का साधन माना गया है। न्याय के अनुसार 'तत्त्वज्ञानात् निःश्रेयसाधिगमः'-अर्थात् तत्त्वज्ञान से ही परम कल्याण की प्राप्ति होती है।

यहाँ परमाणुवाद और पदार्थों के अस्तित्व की सिद्धि हेतु तर्क का प्रयोग अत्यंत प्रौढ़ है। न्याय यह स्थापित करता है कि सत्य का अन्वेषण केवल श्रद्धा पर नहीं, बल्कि परीक्षण और प्रमाण पर आधारित होना चाहिए। इसी कारण न्याय दर्शन को समस्त विद्याओं का आधारभूत शास्त्र माना गया है।

भाषिक-मीमांसा और शाब्द-बोध

न्यायशास्त्र भारतीय शाब्द-बोध (Semantics) का भी मुख्य स्तंभ है। न्याय के अनुसार शब्द और अर्थ का संबंध ईश्वर-संकेत अथवा लोक-प्रसिद्धि पर आधारित है। यहाँ शब्द को 'स्थिर' न मानकर संदर्भ-सापेक्ष माना गया है। किसी भी पद का अर्थ वक्ता की विवक्षा (Intent), वाक्य के संदर्भ और योग्यता-आकांक्षा-आसत्ति जैसे कारकों पर निर्भर करता है।

न्यायवादियों ने स्पष्ट किया कि अस्पष्ट संदर्भ या द्व्यर्थी शब्दों का प्रयोग तर्क-दोष की श्रेणी में आता है। अतः संवाद की शुद्धि हेतु शब्दों के पारिभाषिक और प्रासंगिक अर्थों का भेद करना अनिवार्य है। न्याय का यह भाषिक दर्शन आधुनिक 'सिमेंटिक्स' और 'एनालिटिकल फिलॉसफी' के अत्यंत निकट है।

वैध एवं अनुचित तर्क: हेत्वाभास विवेचन

न्यायशास्त्र तर्क की वैधता के परीक्षण हेतु दोष-दर्शन की एक विस्तृत प्रणाली प्रस्तुत करता है। वैध तर्क वह है जो व्याप्ति और पक्षधर्मता के नियमों का उल्लंघन नहीं करता। इसके विपरीत, अनुचित तर्क भ्रम और दोषपूर्ण हेतुओं पर आधारित होता है। न्याय द्वारा वर्गीकृत प्रमुख तर्क-दोष (हेत्वाभास) इस प्रकार हैं:

- **सव्यभिचार (अनैकांतिक):** जहाँ हेतु साध्य के अतिरिक्त अन्यत्र भी विद्यमान हो।
- **विरुद्ध:** जो हेतु साध्य के विपरीत पक्ष को सिद्ध कर दे।
- **सत्प्रतिपक्ष:** जहाँ साध्य के विरुद्ध दूसरा हेतु भी समान रूप से विद्यमान हो।
- **असिद्ध:** जहाँ हेतु का पक्ष में होना ही संदिग्ध हो।
- **बाधित:** जहाँ प्रत्यक्ष प्रमाण से ही साध्य का अभाव सिद्ध हो जाए।

इन दोषों का परिहार ही तर्क को 'शुद्ध तर्क' की श्रेणी में प्रतिष्ठित करता है।

संवाद का आदर्श और आधुनिक प्रासंगिकता

न्यायशास्त्र तर्क की प्रभाविता को 'संवाद' (Dialogue) के माध्यम से देखता है। तर्क का चरम लक्ष्य वाक्-पटुता नहीं, अपितु 'सत्यस्य अन्वेषणम्' है। न्याय में समीक्षा और पुनर्विचार की जो परंपरा है, वह उसे एक गतिशील शास्त्र बनाती है। यह प्राचीन परंपरा आधुनिक विमर्श, निर्णय-निर्माण (Decision Making) और संवादात्मक बुद्धिमत्ता (Conversational Intelligence) हेतु अत्यंत प्रासंगिक है।

आज के युग में जब सूचनाओं का अंबार है और भ्रामक तर्कों (Fake News/Sophistry) की बहुलता है, तब न्याय दर्शन का 'प्रमाण-तंत्र' हमें सत्य और असत्य के मध्य विवेक करने की शक्ति प्रदान करता है। न्याय और धारा का यह तर्क-संग्रह भारतीय प्रज्ञा का वह आलोक है, जो न केवल पारंपरिक ज्ञान

को व्याख्यायित करता है, बल्कि आधुनिक बौद्धिक विमर्श को भी एक सुदृढ़ आधार प्रदान करता है।

निष्कर्षत: न्याय यह तर्क-विधि ज्ञान की सुसंगत संरचना और संवादात्मक स्पष्टता की गारंटी है। यह विचारधारा हमें आधुनिक जीवन के प्रत्येक क्षेत्र–चाहे वह शिक्षा हो, विधि-प्रणाली हो या सामाजिक संवाद सर्वत्र एक संतुलित और विवेकपूर्ण दृष्टिकोण अपनाने की प्रविधि देती है। न्याय का तर्क और आज भी सत्य-साधना के मार्ग पर भारतीय ज्ञान-परंपरा का एक अद्वितीय और अपरिहार्य उपादान है।

मीमांसा : धर्म एवं कर्म-मीमांसा का शास्त्रीय विन्यास

भारतीय ज्ञान-परंपरा में मीमांसा का स्थान अत्यंत महनीय एवं अद्वितीय है। यह न केवल वेदों के कर्मकाण्ड-भाग की व्याख्या और अनुष्ठानिक निर्देशों का विवेचन है, अपितु धर्म के स्वरूप, उसके तात्त्विक अर्थ तथा उसके व्यावहारिक क्रियान्वयन की गहन परीक्षा भी प्रस्तुत करती है। मीमांसा दर्शन को केवल वैदिक कर्मकाण्डों का न्यायशास्त्रीय विश्लेषण मानना एक संकुचित दृष्टि होगी। वस्तुत: यह चिंतन और विचार की वह विधा है जो श्रुति और आगम-ग्रंथों के गूढ़ अर्थों का अन्वेषण, उनका व्याख्यात्मक परिशीलन तथा कर्तव्यों के निर्धारण में सन्निहित दैवीय एवं मानवीय अंतर्संबंधों की जटिलताओं का निरूपण करती है। अत: मीमांसा न केवल धर्म को परिभाषित करती है, अपितु उसे विधान (Mandate) और प्रयोजन (Purpose) के संदर्भ में भी सुस्पष्ट करती है।

मीमांसा का मूलाधार श्रुति-वाक्यों, विशेषत: ब्राह्मण-भाग के विधि-वाक्यों का सुव्यवस्थित, तार्किक और क्रमबद्ध अनुशीलन है। इसका परम लक्ष्य वेदों में प्रतिपादित 'धर्म' अथवा कर्तव्यों को यथार्थ रूप में निरूपित करना है, जिससे वे 'अनृत' अथवा 'कल्पित' प्रतीत न हों। मीमांसा की विद्वत्ता इस तथ्य में निहित है कि वह कर्म-निर्देशों को मात्र अक्षरश: ग्रहण

करने के स्थान पर, उनके प्रसंग, सामर्थ्य और विनियोग का समीक्षात्मक अध्ययन करती है। यही कारण है कि मीमांसा 'धर्म' को परिभाषित करते समय उसे सापेक्ष, नैतिक और क्रियात्मक (Operative) रूप में देखती है। यहाँ 'धर्म' कोई जड़ अथवा अमूर्त संकल्पना नहीं है, अपितु वह अनुशासित कर्म एवं सामाजिक-सांस्कृतिक परिप्रेक्ष्य के अनुरूप एक अनिवार्य व्यावहारिक दायित्व है।

पूर्व एवं उत्तर मीमांसा: कर्म और ज्ञान का समन्वय

मीमांसा दर्शन अपने प्रतिपादन में मुख्य रूप से दो धाराओं में विभक्त है– 'पूर्व मीमांसा' और 'उत्तर मीमांसा'। पूर्व मीमांसा (जैमिनीय सूत्र) वेद के कर्मकाण्ड-भाग की व्याख्या तथा ईश्वरीय/वैदिक आदेशों की अनुष्ठानिक पद्धति से सम्बद्ध है, जबकि उत्तर मीमांसा (ब्रह्मसूत्र) उपनिषदों के माध्यम से ज्ञानमीमांसा तथा ब्रह्मानुभूति की ओर उन्मुख है। वर्तमान विषय के संदर्भ में 'पूर्व मीमांसा' या 'कर्म मीमांसा' की गहनता पर विचार अपरिहार्य है, क्योंकि यह सामाजिक व्यवस्था के अनुशासन हेतु कर्म-संबंधी वेद-वाक्यों की प्रामाणिक व्याख्या प्रस्तुत करती है।

मीमांसा की अर्थ-पद्धति (Hermeneutics) और वाक्य-बोध

मीमांसा की गहनता उसकी वाक्यार्थ पद्धति (Methodology of Interpretation) में निहित है। यह परंपरा 'वाक्य' को शास्त्रीय विश्लेषण की मौलिक इकाई मानती है और उसके अर्थ को मात्र शब्द-कोष तक सीमित न रखकर प्रसंग और प्रयोजन के माध्यम से परिष्कृत करती है। यहाँ अर्थ सापेक्षिक है और वह कर्तव्य के अनुपालन की सामर्थ्य में निहित है। मीमांसा का प्रभावी उपकरण 'अर्थवाद' है, जो विधि-वाक्यों की स्तुति या निंदा के माध्यम से कर्म में प्रवृत्ति उत्पन्न करता है। इसका तात्पर्य यह है कि वेद के किसी कर्म-सूत्र को तभी 'धर्म' माना

जाएगा जब उसका अर्थ बहुआयामी संदर्भों में सामाजिक और शास्त्रीय व्यवस्था से सुसंगत हो।

मीमांसा शास्त्र ने 'धर्म' एवं 'कर्तव्य' की व्याख्या करते समय पारंपरिक बोध की सीमाओं का विस्तार किया है। वेदों के सूक्तों को स्वीकार करते हुए मीमांसा ने निर्देशित कर्म के अनुभवजन्य (Empirical), नैतिक और सामाजिक संदर्भों का भी विवेचन किया। अतः 'धर्म' केवल अनुष्ठानों का पुंज नहीं, वरन् वह वेदवाक्यों में अभिव्यक्त 'कर्तव्य' का समष्टिगत और गुणात्मक मीमांसा है। मीमांसा के अनुसार धर्म का आधार केवल कर्मकाण्ड नहीं, अपितु वेद का स्वरूप, आर्ष परंपरा और सहज मानवीय संवेदना का समन्वित स्वर है। इससे यह सिद्ध होता है कि मीमांसा हेतु धर्म कोई निरपेक्ष सिद्धांत नहीं, अपितु एक प्रायोगिक नियमावली है।

विरोध-परिहार और सामंजस्य की पद्धति

मीमांसा की एक अनिवार्य भूमिका वेद में सन्निहित कर्म-निर्देशों की विशुद्ध व्याख्या करना तथा परस्पर विरोधी प्रतीत होने वाले वाक्यों का समाधान करना है। अनेक स्थलों पर वैदिक आदेश एक-दूसरे से अथवा लोक-व्यवहार से टकराते प्रतीत होते हैं। मीमांसा इन्हीं अंतर्विरोधों को हल कर एक तार्किक एवं सामंजस्यपूर्ण संहिता प्रस्तुत करने की विधि है। उदाहरणस्वरूप, 'बलाबल' (शब्दादि की शक्ति का तारतम्य) के माध्यम से मीमांसा स्पष्ट करती है कि किन परिस्थितियों में कौन-सा कर्म प्रधान है और कौन-सा गौण। इस प्रकार मीमांसा एक सक्रिय व्याख्यात्मक प्रक्रिया है जो शाश्वत धर्म के नाम पर जड़ता के स्थान पर विवेकपूर्ण, स्थूल और सूक्ष्म नियमों की स्थापना करती है।

अधर्म की संकल्पना और व्याख्यात्मक विकास

मीमांसा में 'अधर्म' की भी विशिष्ट व्याख्या है। केवल कर्म का अभाव अधर्म नहीं है, अपितु विहित कर्म के प्रति

उपेक्षा, अनादर अथवा उसका विकृत अर्थावबोध अधर्म की श्रेणी में आता है। मीमांसा शास्त्र 'धर्म' की रक्षा और व्यवहार में नियमबद्धता हेतु 'मूल पाठ' (Text) का सम्मान करते हुए भी नवीन प्रसंगों और विविध क्रियाओं हेतु व्याख्यात्मक विकास (Interpretative Evolution) को स्वीकार करता है।

मीमांसा की अर्थ-मीमांसा में 'एकवाक्यता' और 'अनुभव' का विशिष्ट स्थान है। यहाँ पाठ की व्याख्या एक निरंतर संशोधन और पुनर्निर्माण की प्रक्रिया है। 'एकवाक्यता' के सिद्धांत द्वारा यह सुनिश्चित किया जाता है कि विभिन्न वेद-वाक्य एक-दूसरे के विरुद्ध न होकर परस्पर पूरक हों। इसके अतिरिक्त, मीमांसा अनुभव और पारंपरिक उपासना के माध्यम से कर्मों के अर्थ को यथार्थ बनाती है। यह दृष्टिकोण अनुष्ठानों को बाह्य क्रिया मात्र न मानकर उन्हें आंतरिक एवं सामाजिक तत्त्वों से सम्बद्ध करता है।

अपवाद, विशेषण और विपरीतार्थ का सिद्धांत

मीमांसा के नियमों में 'अपवाद' और 'विशेषण' की भूमिका महत्वपूर्ण है। वेद-वाक्यों के मध्य कई बार ऐसे निर्देश आते हैं जो सामान्य नियमों के अधीन नहीं होते। मीमांसा इन विशिष्ट स्थितियों का सूक्ष्म विश्लेषण करती है, जिससे धर्म-व्यवस्था जटिल सामाजिक यथार्थों के अनुरूप बन सके। यहाँ मीमांसा की वह विश्लेषण-शक्ति प्रकट होती है जो विरोधी सूत्रों और व्यावहारिक परिस्थितियों के मध्य समन्वय स्थापित करती है।

एक अन्य महत्वपूर्ण सिद्धांत 'विपरीतार्थ' की अवधारणा है। यदि कोई धर्म-सूत्र सहज अर्थ से विपरीत अथवा अनिष्ट फल उत्पन्न करता है, तो उसे पुनर्व्याख्यायित किया जा सकता है। यह नीति मीमांसा को कर्तव्यवादी होने के साथ-साथ यथार्थवादी शास्त्र भी बनाती है। मीमांसा कर्मकाण्डों को केवल औपचारिक अनुष्ठान से ऊपर उठाकर उन्हें जीवन के व्यवहार का निर्णयात्मक आधार बनाती है।

प्रामाण्यवाद और वचन-कर्म का संतुलन

मीमांसा की अनुशासनात्मक क्षमता ने भारतीय जीवन में 'वचन' (सत्यता की भाषा) और 'कर्म' (सत्यता की क्रिया) के मध्य संतुलन स्थापित किया। वेदों की अपौरुषेयता और शाश्वतता को मान्यता देते हुए मीमांसा ने कर्म की पवित्रता को अक्षुण्ण रखा। इसमें 'प्रामाण्य' (Validity of Knowledge) की अवधारणा धर्म की व्याख्या को स्थिरता प्रदान करती है। यह 'शब्द' को स्वत: प्रमाण मानती है, किंतु व्याख्या का तर्कसंगत होना अनिवार्य समझती है। अत: मीमांसा वह सेतु है जो वेद की वास्तविकता और लोक-व्यवहार के मध्य स्थित है।

धर्म का वैज्ञानिक एवं तार्किक विन्यास

मीमांसा दर्शन ने यह विचार पुष्ट किया कि धर्म के कर्तव्य और विधियाँ मात्र स्थूल कर्मकाण्ड नहीं हैं, अपितु उनका एक वैज्ञानिक और तर्कसंगत विन्यास है, जो वैयक्तिक और सामूहिक उत्कर्ष हेतु अनिवार्य है। धर्म यहाँ केवल परंपरा का निर्वहन नहीं, अपितु विवेकपूर्ण व्याख्या और क्रियान्वयन की विधि है। मीमांसा के व्याकरण में 'संज्ञा', 'प्रत्यय' और 'अभ्यास' जैसे तार्किक उपकरणों का प्रयोग धर्म की व्याख्या को बहुआयामी बनाता है। यह विधा न केवल शास्त्र-सम्मत है, अपितु धर्म को जीवन-धारा में व्यावहारिक रूप से प्रतिष्ठित करने का सशक्त माध्यम है।

कर्म-प्रधानता और विधान-प्राथमिकता

मीमांसा की व्याख्या में 'अर्थ-संदर्भ' और 'कर्म-प्रधानता' के सिद्धांत सर्वोपरि हैं। 'कर्म-प्रधानता' का तात्पर्य है कि धर्म का वास्तविक स्वरूप सिद्धांतों में नहीं, बल्कि उस अनुष्ठान में है जो विधिपूर्वक सम्पादित होता है। यहाँ 'धर्म' का संबंध उस क्रिया से है जो वेद-वचनों द्वारा अनुशासित है। यदि कर्म का तात्कालिक फल प्राप्त न भी हो, तब भी उसका 'अपूर्व' (Invisible Potency) के रूप में फल सुनिश्चित माना जाता है।

मीमांसा कर्म के 'कर्तव्य' भाव और व्यावहारिक दायित्व, दोनों को समाहित करती है।

'विधान-प्राथमिकता' के अंतर्गत यदि कोई वैदिक अनुशासन स्वयं को अन्य नियमों से अधिक अनिवार्य बताता है, तो मीमांसा उसे सर्वोच्च मानती है। यह प्रक्रिया धर्म के सिद्धांत को एक जीवंत और गतिशील तंत्र में परिवर्तित कर देती है। अनिवार्य कर्मों के अनुपालन के साथ-साथ सामाजिक बाधाओं के कारण होने वाले 'विलम्ब' अथवा 'परिष्कार' को भी मीमांसा स्वीकार करती है, जिससे धर्म में काल-परिवर्तन की अनुकूलनशीलता बनी रहती है।

मीमांसा की अर्थ-मीमांसा वेदों की उस कलात्मक गूढ़ता को अनावृत करती है जिसमें कर्म के प्रत्येक रूप, उसके कारण-परिणाम और नैतिक स्थान का संतुलन निहित है। यह विश्लेषण कर्म को एकाकी नहीं मानता, अपितु उसे तत्त्वमीमांसा (Ontology), आचारमीमांसा (आचारमीमांसा) और सामाजिक परिवेश के वृहत्तर तंत्र से जोड़ता है।

निष्कर्षत: मीमांसा की गहनता और धर्म-विषयक व्याख्या मात्र अनुष्ठानिक विवरण नहीं है, अपितु यह भारतीय ज्ञान-परंपरा में धर्म के स्थूल और सूक्ष्म पक्षों का चरमोत्कर्ष है। यह दर्शन धर्म के परिशीलन में तर्क, सांस्कृतिक संदर्भ, मानवीय संवेदना और वेदों के शाश्वत स्वरूप का समन्वय कर भारतीय संस्कृति को एक सुदृढ़ संरचना प्रदान करता है। यह व्याख्या हमें बोध कराती है कि धर्म स्थिरता और गत्यात्मकता का अद्‌भुत संतुलन है, जो मात्र कर्मों के अनुपालन तक सीमित न रहकर एक जीवंत जीवन-संगठन को अभिसूचित करता है। मीमांसा का यह प्रबोध आज भी उन सांस्कृतिक पूरकता के लिए प्रासंगिक है, जिनके माध्यम से धर्म अपनी सामाजिक और नैतिक भूमिका को ऊर्जस्वित रखता है।

अध्याय 3

भाषा, अर्थ और धर्म का त्रिकोण: एक दार्शनिक अन्वय

त्रि-आयामी विन्यास और जीवन-दृष्टि

भारतीय ज्ञान-परंपरा में भाषा, अर्थ और धर्म एक अविच्छिन्न त्रिकोण के रूप में प्रतिष्ठित हैं, जो मात्र संप्रेषण की प्रविधि न होकर समग्र जीवन-दर्शन का अधिष्ठान है। इस त्रिकोण की सूक्ष्मता और व्यापकता मानवीय अस्तित्व एवं ब्रह्मांडीय ऋत (Cosmic Order) के मूलभूत तत्त्वों में सन्निहित है। भाषा जहाँ अर्थ की अभिव्यक्ति का माध्यम है, वहीं 'अर्थ' मात्र पदों का समुच्चय न होकर 'धर्म' के बोध, अनुष्ठान, नियम और आचरण से गहन संबंध रखता है। यहाँ धर्म केवल उपासना-पद्धति नहीं, अपितु विश्व की समग्र व्यवस्था (Cosmic Order), शुचिता और परम सत्य का स्वरूप है। अतः भाषा, अर्थ और धर्म का यह त्रिकोण परस्पर अनुस्यूत और प्रभावित होता हुआ भारतीय वैदिक-दार्शनिक विमर्श की नियामक शक्ति बन जाता है।

शब्द का स्वरूप और चित्-शक्ति का उन्मेष

भारतीय मनीषा में भाषा (शब्द) का स्वरूप नितांत गत्यात्मक और बहुआयामी स्वीकार किया गया है। यहाँ 'शब्द' मात्र ध्वनि-संघात या मात्रा-विन्यास नहीं है, अपितु वह आदि-स्रोत है जो मनुष्य के अन्तःकरण और ब्रह्मांडीय रहस्यों के मध्य सेतु का निर्माण करता है। ज्ञान-संस्कृति में शब्दों की भूमिका मात्र सूचना-प्रसारण (Information transfer) की नहीं है, बल्कि वे दार्शनिक सिद्धांतों की अपरोक्षानुभूति और

अभिव्यक्ति के सशक्त माध्यम हैं। यहाँ शब्द का स्वरूप अत्यंत गूढ़ है–यह अनेकार्थता (Polysemy), व्यंजना और छन्द–रहस्य से आवृत है। यह जटिलता भाषा के 'परिमित' होने का संकेत देती है, जहाँ वास्तविक अर्थ वाक् से भी परे 'अधिष्ठायक' और अनुभव–मूलक होता है।

धर्म की संकल्पना और अर्थ का समन्वय

भारतीय परिप्रेक्ष्य में 'धर्म' की संकल्पना अत्यंत विस्तृत और तात्त्विक है। यह मात्र सामाजिक नियमावली नहीं, अपितु वह सर्वव्यापी नियम–तत्त्व है जो व्यष्टि, समष्टि और ब्रह्मांड को एकत्व प्रदान करता है। 'धारणाद्धर्ममित्याहुः' अर्थात् जो धारण करता है, वही धर्म है। यह समस्त कर्तव्य, गुण, नियम और सदाचार को समाहित कर जीवन को अनुशासित करता है। अतः धर्म और अर्थ के मध्य एक अनिवार्य समन्वय है, जहाँ 'अर्थ' न केवल भाषिक संकेत है, बल्कि वह धर्म के आदेशों, सामाजिक नैतिकता और प्राकृतिक नियमों (Natural Laws) की संवाहिका भाषा भी बन जाती है।

शब्द–अर्थ सम्बन्ध और व्याकरणिक प्रामाणिकता

शब्द और अर्थ के मध्य का सम्बन्ध अत्यंत सूक्ष्म और नित्य माना गया है। महर्षि पाणिनि विरचित 'अष्टाध्यायी' जैसे व्याकरण–शास्त्र इस विषय में एक सुव्यवस्थित पद्धति प्रस्तुत करते हैं, जहाँ शब्द–सिद्धि और अर्थ–सम्बन्ध के नियमों को शास्त्रीय रूप दिया गया है। किंतु भारतीय चिंतन में भाषा मात्र व्याकरणिक संहिताओं का पुंज नहीं, अपितु 'शब्दार्थ–सम्बन्ध' का एक साक्षात्कृत अनुभव है। शब्द एक उपकरण (Apparatus) के समान है, जिसके माध्यम से चित्त के अनुभूत तत्त्व बाह्य जगत् में अभिव्यक्त होते हैं। भाषा का यह सृजन ब्रह्मांडीय तत्त्वों के साथ तादात्म्य स्थापित करता है।

भाषा का अर्थ अथवा संकेत कभी स्थिर नहीं होता; वह सदैव संदर्भ–सापेक्ष (Contextual) होता है। संधि, विभक्ति

और प्रत्यय जैसे भाषिक अवयव पृथक-पृथक संकेत प्रदान करते हैं, किंतु उनका यथार्थ बोध सामाजिक, सांस्कृतिक और दार्शनिक पृष्ठभूमि के बिना संभव नहीं है। उदाहरणस्वरूप, 'धर्म' शब्द का प्रयोग वेदों, उपनिषद्ों और स्मृति-ग्रंथों में भिन्न-भिन्न अर्थ-छवियाँ उत्पन्न करता है। यहाँ अर्थ का बहुध्रुवीय विस्तार भाषा की अपनी प्रकृति और प्रयोक्ता की विवक्षा से सम्बद्ध है।

सत्य का बोध और वाणी की सीमाएँ

अर्थ-मीमांसा की इस प्रक्रिया में 'सत्य' का बोध अत्यंत महत्वपूर्ण है। भारतीय दर्शन ने सत्य को मात्र तार्किक पुष्टि तक सीमित नहीं किया, अपितु इसे 'अनुभव' (Realization) के साथ जोड़ा है। 'सत्यं ज्ञानमनन्तं ब्रह्म' के अनुसार सत्य एक सार्वभौमिक अनुभूति है जो भाषाई सीमाओं में आबद्ध नहीं की जा सकती। यही कारण है कि वेदान्त, मीमांसा और न्याय जैसे दर्शनों में सत्य के उद्घाटन हेतु भाषा के पृथक सिद्धांतों का विकास हुआ। वेदान्त में ब्रह्म को 'अवाङ्मनसगोचर' (वाणी और मन से परे) मानकर भाषा की मर्यादा को स्वीकार किया गया है, तथापि 'शब्द' और 'अर्थ' का अन्वय बोध हेतु अपरिहार्य माना गया है।

इसी आलोक में 'मूकता' और 'अशब्द' की अवधारणा का महत्त्व सिद्ध होता है। कुछ परम तत्त्व ऐसे हैं जिन्हें वाणी में निबद्ध करना दुष्कर है, किंतु उनका साक्षात्कार अंतःकरण में होता है। उपनिषद्ों की महावाक्य-परंपरा (यथा- 'तत्त्वमसि') उस स्थिति का संकेत है जहाँ भाषा स्वयं का अतिक्रमण कर मौन के माध्यम से सत्य के साक्षात्कार की ओर प्रेरित करती है। यहाँ 'मौन' वाणी का अभाव नहीं, अपितु ज्ञान की पराकाष्ठा है, जो शब्दों की सीमाओं को स्वीकार करते हुए भी सत्य को प्रकाशित करती है।

शब्द का अपौरुषेय स्वरूप और शास्त्रीय अनुशासन

भारतीय दर्शन, विशेषत: मीमांसा और वेद-विमर्श में शब्द का स्वरूप 'अपौरुषेय' माना गया है। यह सिद्धांत प्रतिपादित करता है कि परम ज्ञान मानव-निर्मित नहीं, अपितु ब्रह्मांडीय स्रोत से 'प्रादुर्भूत' है। अत: भाषा में निहित अर्थ वैयक्तिक भावनाओं पर आश्रित न होकर एक व्यापक आध्यात्मिक व्यवस्था के द्योतक होते हैं। इसी कारण शब्द और अर्थ को सामान्य भाषाविज्ञान की परिधि से बाहर एक नियामक तत्त्व के रूप में देखा जाता है।

धर्म के संदर्भ में शब्द और अर्थ का प्रभाव अत्यंत निर्णायक है। स्मृति-ग्रंथों (यथा-मनु, याज्ञवल्क्य) में धर्म के जो नियम वर्णित हैं, वे श्रुति की अर्थ-व्याख्या पर ही आधारित हैं। यहीं से 'शास्त्र' शब्द की उत्पत्ति होती है, जो शासन और अनुशासन का प्रतीक है। शास्त्र वह माध्यम है जो धर्म के विस्तृत अर्थ को संरचित और समयोचित स्वरूप में प्रस्तुत करता है।

सामाजिक एवं वैश्विक नैतिकता का आधार

शब्द, अर्थ और धर्म का यह संगम वैयक्तिक प्रज्ञा तक सीमित न रहकर सामाजिक और वैश्विक स्तर पर न्याय-प्रणाली, नीति-निर्धारण और संस्कृति के सूत्रधार के रूप में विकसित होता है। भाषा जहाँ समाज में संवाद स्थापित करती है, वहीं अर्थ-निष्ठ धर्म समाज को न्यायपूर्ण और संयमित दिशा प्रदान करता है। जब भी शब्द और अर्थ के मध्य द्वैत या द्वंद्व उत्पन्न होता है, वह धर्म की पुनर्व्याख्या और परिष्कार का अवसर प्रदान करता है। इसीलिए भारतीय परंपरा में धर्म को जड़ न मानकर एक गत्यात्मक और संवादात्मक तत्त्व माना गया है।

बहुलता, विविधता और साहित्य का वैभव

भारतीय दृष्टि में भाषा की बहुलता अर्थ-धर्म की खोज में निरंतरता का परिचायक है। संस्कृत की शब्द-समृद्धि और पर्यायवाची शब्दों का वैविध्य यह दर्शाता है कि अनुभव और

तर्क के मिलन से अर्थ को निरंतर विस्तार मिलता रहा है। वैदिक संहिताओं से लेकर पुराण, काव्य और नाट्य तक, समस्त साहित्य इस गूढ़ त्रिकोण का निदर्शन है।

भारतीय आख्यानों और पुरा-कथाओं में भी भाषा और अर्थ का स्तर अत्यंत सूक्ष्म है। कथा की भाषा सरल प्रतीत होते हुए भी संस्कृति के 'धर्म' का संरक्षण करती है। रामायण और महाभारत जैसे महाकाव्यों में प्रयुक्त भाषा नैतिकता, न्याय और पुरुषार्थ-चतुष्ट्य (धर्म, अर्थ, काम, मोक्ष) के जटिल ताने-बाने को बुनती है। यहाँ शब्द मात्र सूचना के वाहक नहीं, अपितु जीवन के व्यावहारिक विधान और संवेदना-तंत्र के नियामक बन जाते हैं।

अर्थ-मीमांसा की चुनौतियाँ: अनेकार्थता और अनिर्वचनीयता

भाषा और अर्थ के मार्ग में आने वाली चुनौतियों, यथा-अनेकार्थता (Polysemy), संदेह (Ambiguity) और अनिर्वचनीयता (Ineffability)-का भारतीय दर्शनों ने विस्तार से विश्लेषण किया है। अनेकार्थता के कारण अर्थावबोध हेतु 'प्रसंग-ज्ञान' (Contextual understanding) अनिवार्य हो जाता है। यही कारण है कि व्याकरण-शास्त्र में परिस्थिति, लिंग और पद-विभक्तियों की सूक्ष्म परिभाषाएँ विकसित हुईं।

मीमांसा दर्शन की अर्थ-मीमांसा इसका सर्वोत्कृष्ट उदाहरण है, जहाँ वेदों के अर्थ-निर्माण हेतु सामाजिक और आध्यात्मिक संदर्भों का संतुलन साधा जाता है। यहाँ 'वाक्य' का अर्थ मात्र शब्दार्थ नहीं, अपितु कर्तव्य और फल के आधार पर किया जाने वाला निश्चयात्मक बोध है। इसी प्रकार, वेदान्त में 'शून्यता' अथवा 'निर्वाण' जैसी संकल्पनाएँ भाषा की सीमाओं को स्वीकार करते हुए मौन की भाषा का संवर्धन करती हैं।

शब्द-नित्यता और धर्म-पवित्रता

भारतीय भाषाविज्ञान में 'शब्द की नित्यता' और उसकी

उत्पत्ति पर गंभीर विचार हुआ है। वेदों में शब्द को ईश्वरीय और सार्वभौमिक माना गया है, अतः वह अर्थ के साथ एक नित्य सम्बन्ध धारण करता है। किंतु लोक-व्यवहार और समय के प्रवाह में अर्थ का विकास होता रहता है। इस संदर्भ में धर्म और अर्थ के मध्य सजीव संवाद बना रहता है। धर्म जहाँ जीवन में स्थिरता और अनुशासन का कार्य करता है, वहीं भाषा की नित्यता धर्म की पवित्रता को अक्षुण्ण रखती है।

संक्षेप में, भारतीय ज्ञान-परंपरा में भाषा केवल विचारों के प्रकटीकरण का साधन नहीं, अपितु वह जीवन की सूत्रधार और ज्ञान-रूपांतरण की वाहिका है। अर्थ के विविध रूपों को धर्म की समग्रता और नैतिकता के आलोक में समझा जाता है। यह त्रिकोण ज्ञान के विविध आयामों को एक समन्वित सूत्र में पिरोने का माध्यम है।

व्यावहारिक जीवन से लेकर ब्रह्मांडीय अनुभूतियों तक, भाषा, अर्थ और धर्म का यह त्रिकोण निरंतर संवाद कर भारतीय संस्कृति की समरसता और बहुलता को अभिव्यक्त करता है। यह हमें बोध कराता है कि वास्तविक ज्ञान केवल भाषाई संकेतों तक सीमित नहीं रह सकता; वह उन सांस्कृतिक और आध्यात्मिक तंतुओं के साथ बुना हुआ है जो जीवन की सार्थकता को आकार देते हैं। भारतीय मनीषियों ने इस त्रिकोण के माध्यम से ज्ञान, आचरण और जीवन के समन्वय की सुरक्षा की है, जिससे यह त्रिवेणी आज भी अपरिवर्तनीय और अमूल्य बनी हुई है।

वेदः अनन्त ज्ञान से संहिता चतुष्ट्य तक

वेदों ज्ञान का एक ऐसा अनन्त विस्तार है, जो मात्र पुस्तकीय संकलन अथवा किसी व्यक्ति-विशेष की बौद्धिक इकाई नहीं है, अपितु यह एक जीवंत, नित्य प्रवाहमान ज्ञान के महासमुद्र के समान है। यहाँ प्रत्येक तरंग में प्रज्ञा का नूतन उन्मेष होता है और असंख्य ज्ञान-धाराओं के सम्पात से एक विराट् वैचारिक संसार का सृजन होता है। यह अनुभाग उसी विराट् पुरुष के

ज्ञानमय स्वरूप की यात्रा का आरम्भ है, जहाँ वेद न केवल सूचना के स्रोत हैं, बल्कि मानवता, प्रकृति, ब्रह्माण्ड और अध्यात्म के समन्वित दर्शन (Vision) हैं।

वेदों के अनुशीलन हेतु उनके इस व्यापक-अधिष्ठान को अनुभूत करना अनिवार्य है। वे मात्र मन्त्र-संहिताओं के कोष नहीं, अपितु जीवन के प्रत्येक स्पंदन को प्रतिध्वनित करने वाला एक समग्र तन्त्र (Holistic System) हैं। वेदों का यह ब्रह्माण्ड वर्णनात्मकता से परे अनुभव-मूलक (Empirical), प्रमाणात्मक और साक्षात्कार-परक है; जहाँ ज्ञान मात्र शुष्क सिद्धांत नहीं, अपितु जीवन की सजीव चित्-प्रवृत्ति है। वेदों का साक्षात्कार इसी व्यापकता से संभव है कि वे केवल तर्क या विवेचना के विषय नहीं, अपितु एक साधना-सम्मत अपरोक्षानुभूति की ओर उन्मुख करते हैं। इस अर्थ में वेद वह पारावार है जिसमें सामान्य जिज्ञासु हेतु समग्रता, दैवीय संवित्, आध्यात्मिक पुनर्जन्म और सामाजिक-नैतिक पुनरुत्थान-सभी अन्तर्निहित हैं। अतः इसे मात्र ग्रन्थ-संहिता मानना असंगत होगा, क्योंकि इसका विस्तार सृजनात्मक चेतना, प्रकृति की आद्या-शक्तियों और मनुष्य के ज्ञात-अज्ञात आयामों तक व्याप्त है।

ज्ञान की त्रिवेणी: विषय, रूप और दर्शन

वेदों के ब्रह्माण्ड की इस विशालता का अनुभव मात्र उनके भौतिक कलेवर से संभव नहीं है, अपितु उनके विविध स्वरूपों और विषय-गत गाम्भीर्य को समझना आवश्यक है। वेदों का अर्थ-विमर्श क्षेत्र विषय-वस्तु, रूप और दर्शन की त्रिवेणी के समान है। यदि वेदों को एक अपार महासागर के रूप में कल्पित किया जाए, तो उसके भीतर कर्मकाण्ड, आचार, दर्शन, विज्ञान, कला और आध्यात्मिक साधना की अनेक नदियाँ प्रवाहित होती हैं। ये धाराएँ अस्तित्व की उत्पत्ति, चित्त-वृत्ति का स्वरूप, सृष्टि के ऋत (Cosmic Laws) और ब्रह्म-साक्षात्कार के शाश्वत प्रश्न उपस्थित करती हैं।

यह महासागर समग्र मानवीय अस्तित्व का प्रतिबिंब है– जन्म से मोक्ष तक, ऐहिक कर्तव्यों से पारलौकिक अन्वेषण तक, और सामाजिक व्यवस्था से तत्त्व-मीमांसा तक। इसमें प्राचीनतम प्राकृतिक दर्शन से लेकर सूक्ष्म भाषाविज्ञान तक की निपुणता विद्यमान है। यही वह वैश्विक अधिष्ठान है जो भारतीय ज्ञान-परंपरा के मूलाधार-स्तम्भ का निर्माण करता है। इस सजीव महासागर की विशिष्टता यह है कि यह ज्ञान का कोई संकुचित स्रोत नहीं, बल्कि निरन्तर प्रवाहित होने वाली प्रातिभ-ज्ञान की अभिव्यक्ति है। यहाँ 'ज्ञान' मात्र सूचना-संग्रह नहीं, अपितु 'अनुभवित' और 'साक्षात्कृत' करने का विस्तार है। इसी कारण वेदों ने स्वयं को चार स्तरों पर व्यक्त किया है–मन्त्र (संहिता), ब्राह्मण, आरण्यक और उपनिषद्।

शब्द, ध्वनि और अर्थ की अनन्तता

सृष्टि और ज्ञान के इस विराट् ताने-बाने में वेदों ने एक ऐसा संवाद स्थापित किया है, जो वैचारिक स्वाधीनता और वैविध्य को अंगीकार करता है। यद्यपि इन्हें विभिन्न सामाजिक-धार्मिक संदर्भों में सँजोया गया, तथापि मूलतः वेद एक सार्वभौमिक चेतना (Universal Consciousness) के केंद्र हैं। इस महासागर में निहित वे गूढ़ पक्ष, जो स्थूल दृष्टि से ओझल रहते हैं, चेतना के उच्च स्तरों पर प्रकट होते हैं। इसी बहुआयामी प्रकृति के कारण वेदों को 'अनन्त' कहा गया है– 'अनन्ता वै वेदाः'। यह अनन्तता ज्ञान की असीमता का परिचायक है, जो त्रिकाल (भूत, वर्तमान, भविष्य) के बोध को स्वयं में समेटे हुए है।

वेदों के ब्रह्माण्ड को समझने का एक अन्य महत्वपूर्ण आयाम उनके शब्दात्मक सामर्थ्य में निहित है। प्रत्येक शब्द और प्रत्येक ऋचा एकाधिक अर्थों के विश्लेषणात्मक तत्वों को स्पर्श करती है। इनमें लय (छन्द), संख्या और नाद-ब्रह्म की गूढ़ता समाहित है। यह संरचना मात्र शाब्दिक नहीं, अपितु भाव, संगीत और मनन का एक संश्लिष्ट स्वरूप है।

- **ऋक् (ऋग्वेद):** ज्ञान का वह कवि-रूप (Poetic Vision), जो प्रकृति और दिव्य शक्तियों की स्तुति करता है।
- **यजु (यजुर्वेद):** यज्ञीय अनुष्ठान हेतु प्रायोगिक और क्रियात्मक ज्ञान।
- **साम (सामवेद):** उद्‌गीथ, ध्वनि और संगीत के माध्यम से भाव-संवेदना की अभिव्यक्ति।

ब्राह्मण, आरण्यक और उपनिषद्: विस्तार और अन्त:प्रवेश

वेदों के इस ब्रह्माण्ड में ब्राह्मण ग्रन्थ उस विवेचना का विस्तार करते हैं, जो कर्मकाण्ड-विषयक पद्धति को शास्त्रीय आधार प्रदान करती है। आरण्यक वेदों का वह अरण्य-क्षेत्र हैं जहाँ स्थूल कर्मकाण्डों का सार और ज्ञान के गूढ़ अध्यायों का वानप्रस्थीय मनन होता है। उपनिषद् इस ब्रह्माण्ड का वह 'अन्त: कक्ष' (Inner Sanctum) है जहाँ दर्शन, तत्त्वज्ञान और आध्यात्मिक अन्वेषण मिलकर मनुष्य को चेतना की अन्तिम सीमा-ब्रह्म-विद्या-में प्रवेश कराते हैं।

वेद सम्मत ब्रह्माण्ड रचना में काल (Time) भी अनन्तता का स्वरूप धारण करता है। काल न केवल अतीत के प्रज्ञा-पुंज को संजोता है, अपितु वर्तमान के अनुभव को स्वीकृत करते हुए भविष्य के अर्थ हेतु मार्ग प्रशस्त करता है। इस अविरल प्रवाह में वेद स्वयं को नित्य नूतन रूप में प्रस्तुत करते हैं; वे कभी याज्ञिक अनुशासन के प्रदाता होते हैं, तो कभी वेदान्त के गम्भीर दार्शनिक अनुभूति रूप।

देव-तत्त्व और प्रकृति का विज्ञान

यह ब्रह्माण्ड त्रैलोक्य (भू: भुव: स्व:) और विविध लोकों के अंतर्सबंधों का बोध प्रदान करता है। पंचमहाभूत, सूर्य, चन्द्र, नक्षत्र, ऋषि, मुनि और आत्मा-सभी को वेद अपने अंतर्निहित तत्त्व के रूप में व्याख्यायित करते हैं। यह ज्ञान विखंडित नहीं, अपितु एक-दूसरे को संजीवित करने वाला एक प्रणालीगत (Systemic) स्वरूप है। वेदों में वर्णित देवता मात्र धार्मिक

प्रतिमाएँ नहीं, अपितु प्रकृति की शक्तियों के मानवीकृत व्यक्तित्व (Personification of Natural Forces) हैं। अग्नि, वायु, वरुण आदि का स्वरूप कर्मकाण्ड से आरम्भ होकर तत्त्व-मीमांसा (Ontology) तक पहुँचता है। ये देवता उस वैश्विक-ऊर्जा के प्रतीक हैं जो सृष्टि के शाश्वत नियमों का संचालन करती है।

वेदों का ब्रह्माण्ड नित्य परिवर्तनशील और गत्यात्मक है। यह कोई जड़ व्यवस्था नहीं, अपितु 'ऋत' के अनुसार चलने वाली जीवंत प्रणाली है। इसमें सामाजिक-राजनीतिक व्यवस्था, न्याय, अर्थशास्त्र, कला और विज्ञान-सभी का समावेश है। वेदों के गर्भ में आयुर्वेद, ज्योतिष, संगीत (गान्धर्ववेद) और अस्त्रशास्त्र जैसी विविध विद्याएँ अंकुरित हुई हैं।

ऋषित्व: ज्ञान के द्रष्टा

इस सामूहिक ज्ञान-भण्डार में 'ऋषि' का स्थान अद्वितीय है। ऋषि ज्ञान के 'रचयिता' नहीं, अपितु 'द्रष्टा' हैं- 'ऋषयो मन्त्रद्रष्टार:'। वे उस दिव्य संवित् के प्रतिपादक हैं, जो संहिताओं के शाब्दिक कलेवर का मूल आधार है। यह ऋषित्व ही वेदों के ब्रह्माण्ड में वह अजस्र स्रोत है जिससे ज्ञान की अनन्त जलधाराएँ निरंतर प्रवाहित होती रहती हैं।

श्रुति का प्रामाण्य

अन्तत: वेदों का ब्रह्माण्ड एक ऐसी जटिल, व्यापक और बहुस्तरीय संरचना है, जो अनगिनत प्रज्ञा-अनुभवों का केंद्र है। ज्ञान के इस पारावार में समृद्ध होने हेतु निरन्तर साधना, स्वाध्याय और विवेक की अपेक्षा होती है। यह नीति का कल्पवृक्ष और आध्यात्मिक उन्नति का प्रशस्त मार्ग है। यहाँ ज्ञान अपनी संकुचित सीमाओं को भंग कर समग्रता और सर्वव्यापकता की ओर अग्रसर होता है।

वेदों को मात्र चार संहिताओं की सीमा में आबद्ध करना उनके विराट् स्वरूप के साथ अन्याय होगा। इस यात्रा में 'श्रुति' की भूमिका अपरिहार्य है, क्योंकि यह वह ज्ञान है जो साक्षात्कृत

हुआ, सुना गया और जिसे स्वतः प्रामाण्य माना गया। जिस प्रकार ऋग्वेद के मन्त्रों से उत्पन्न ब्रह्माण्ड-गीत, यजुर्वेद का आचरण-विधान, सामवेद का स्वर-स्पर्श और अथर्ववेद की शान्ति- पुष्टि मिलकर एक समग्र प्रज्ञा-पर्वत का निर्माण करते हैं, उसी के शिखर से ब्रह्माण्ड की अनन्तता दर्शनीय होती है। वेदों का ब्रह्माण्ड उतना ही सत्य है जितना स्वयं जीवन, और उतना ही अनन्त है जितनी हमारी चेतना की गहनता।

चार वेद संहिताएँ : भारतीय प्रज्ञा के चतुस्तम्भ

वेदों का अक्षय वाङ्मय, जिसमें चार संहिताएँ –ऋक्, यजुः साम और अथर्व–अन्तर्निहित हैं, भारतीय ज्ञान-परंपरा की अद्वितीय एवं गम्भीरतम अभिव्यक्ति है। प्रत्येक संहिता का स्वरूप, भाषिक संरचना, रचना-शैली, छन्द-विन्यास तथा प्रयोजन न केवल वैविध्यपूर्ण है, अपितु समष्टि रूप में वे ज्ञान-पारावार की व्यापकता और गम्भीरता को अधोरेखांकित करते हैं। इन संहिताओं में समाहित मन्त्र, श्रद्धा और जीवन-दर्शन का अनन्य योग मात्र शब्द-संग्रह अथवा अनुष्ठानिक पद्धति तक सीमित नहीं है, अपितु वे सृष्टि के मौलिक तत्त्वों, ब्रह्माण्डीय विन्यास (Cosmic Order) और अपरोक्षानुभूति के सूक्ष्मतम तन्त्र हैं। अतः इन संहिताओं की मीमांसा न केवल भाषा-शिल्प की दृष्टि से, वरन् उनके आन्तरिक नादात्मक, ऋतिक, याज्ञिक और दार्शनिक पक्षों के परिशीलन हेतु अनिवार्य है।

1. ऋग्वेद-संहिताः प्रज्ञा और स्तवन का आदि-स्रोत

ऋग्वेद वेदों में सर्वप्राचीन एवं 'ज्ञान-प्रधान' संहिता है। इसका मुख्य प्रयोजन मन्त्र-शक्ति के माध्यम से आदि-सत्य की खोज, देव-शक्तियों का स्तवन और ब्रह्माण्ड के रहस्यों का उद्‌घाटन करना है।

भाषिक एवं छन्द-रचनाः ऋग्वेद की संरचना मुख्यतः वैदिक छन्दों–गायत्री, त्रिष्टुप, जगती और अनुष्टुप–के सुदृढ़ धरातल पर स्थित है। ये छन्द मन्त्रों को गत्यात्मकता और नाद-

सौन्दर्य प्रदान करते हैं। ऋग्वेद के मन्त्रों का पाठ 'उदत्त', 'अनुदात्त' और 'स्वरित'–इन तीन स्वरों के माध्यम से किया जाता है, जो एक विशिष्ट सूक्ष्म स्पंदन (Vibration) उत्पन्न करते हैं।

दार्शनिक विस्तार: ऋग्वेद का प्रथम सूक्त 'अग्नि' को समर्पित है (अग्निमीळे पुरोहितं...), जो चेतना की प्रथम प्रदीप्ति का प्रतीक है। इसमें जल (अप:), इन्द्र (शक्ति), वरुण (ऋत) और सूर्य (सत्य) के मन्त्रों के माध्यम से अधिभौतिक एवं आध्यात्मिक सत्यों का निरूपण है। यह संहिता 'पुरुष-सूक्त' और 'नासदीय-सूक्त' जैसे दार्शनिक शिखर प्रदान करती है, जहाँ सृष्टि की उत्पत्ति और एकत्व का गंभीर विवेचन है।

2. यजुर्वेद-संहिता: कर्मकाण्ड एवं क्रियात्मक विज्ञान

यजुर्वेद को 'कर्म-प्रधान' संहिता माना जाता है। इसका आधार 'यजु:' (यज्ञ सम्बन्धी गद्यात्मक मन्त्र) है। यह वेद मन्त्रों को अनुष्ठानिक विनियोग (Application) के साथ प्रस्तुत करता है, जिससे यह एक 'प्रयोग-विज्ञान' बन जाता है।

शाखा-भेद: यजुर्वेद की दो मुख्य धाराएँ हैं–शुक्ल यजुर्वेद (वाजसनेयी संहिता), जिसमें केवल मन्त्रों का शुद्ध संकलन है, और कृष्ण यजुर्वेद (तैत्तिरीय आदि), जिसमें मन्त्रों के साथ उनके व्याख्यात्मक ब्राह्मण-भाग का सम्मिश्रण है।

यज्ञीय ज्यामिति और विज्ञान: यजुर्वेद में यज्ञ-वेदियों का निर्माण, मापन और काल-गणना का विस्तृत विवरण है, जो प्राचीन भारतीय गणित और खगोल-विज्ञान की सुदृढ़ता को सिद्ध करता है।

प्रायोगिक पक्ष: यहाँ मन्त्र मात्र स्तुति नहीं, अपितु 'क्रिया' के उत्प्रेरक हैं। यह संहिता धर्म और यज्ञ की अविरल निरंतरता का आधार है, जो व्यक्तिगत शुद्धि को सामाजिक और ब्रह्माण्डीय संतुलन से जोड़ती है।

3. सामवेद-संहिता: नाद-ब्रह्म और भक्ति का रसामृत

सामवेद वह समृद्ध संहिता है जो पूर्णत: 'गान-संस्कार'

पर आधारित है। भगवान श्रीकृष्ण ने गीता में 'वेदानां सामवेदोऽस्मि' कहकर इसकी श्रेष्ठता स्वीकार की है।

- **गायत्री से साम तक:** सामवेद के अधिकांश मन्त्र ऋग्वेद से ही ग्रहण किए गए हैं, किन्तु उनका वैशिष्ट्य उनकी 'गान-पद्धति' (साम-गायन) में है। इसमें सप्त-स्वरों का पूर्ण विनियोग होता है, जो भारतीय शास्त्रीय संगीत की जननी मानी जाती है।
- **नाद-साधना:** सामवेद का प्रत्येक मन्त्र एक संगीत-रचना है जो ब्रह्माण्ड की अन्तर्निहित लय (Rhythm) के साथ तादात्म्य स्थापित करती है। इसमें प्रयुक्त 'स्तोभ' और 'तान' भक्त के चित्त को समाधि की अवस्था तक ले जाने में सक्षम हैं।
- **आध्यात्मिक उत्कर्ष:** साम-गायन के माध्यम से साधक अपने अन्त:करण को उच्चतर चेतना के स्तर पर प्रतिष्ठित करता है। यह भक्ति और संगीत के एकत्व का चरमोत्कर्ष है।

4. अथर्ववेद-संहिता: लोक-कल्याण और व्यावहारिक प्रज्ञा

अथर्ववेद वह संहिता है जो लोक-जीवन के विविध पक्षों, आरोग्य (आयुर्वेद), समाज-व्यवस्था और शांति-पुष्टि के कर्मों को समाहित करती है।

विविध विषय: इसमें रोग-निवारण, औषधिविज्ञान, शत्रु-दमन, राष्ट्र-रक्षा और गृहस्थ जीवन की सुख-समृद्धि हेतु मन्त्रों का प्रावधान है। इसे 'ब्रह्मवेद' भी कहा जाता है क्योंकि इसके मुख्य ऋत्विक 'ब्रह्मा' होते हैं जो यज्ञ की समस्त त्रुटियों का परिहार करते हैं।

वैज्ञानिक चेतना: अथर्ववेद में जीवाणु-विज्ञान, शल्य-चिकित्सा और वनस्पति-शास्त्र के बीज विद्यमान हैं। यह आध्यात्मिक सत्य को लौकिक यथार्थ के साथ संतुलित करता है।

लोक-संग्रह: इसकी भाषा और छन्द (अनुष्टुप आदि) लोक-जीवन के निकट हैं, जो इसे एक व्यावहारिक मार्गदर्शिका बनाते हैं। यह वेदों के पारमार्थिक ज्ञान को सामाजिक धरातल पर जीवन्त करता है।

चतुःसंहिता समन्वयः एक समष्टिगत दृष्टि

यद्यपि चारों संहितों के विषय और शैली भिन्न हैं, तथापि वे एक-दूसरे के पूरक अंगों के समान हैं:

- ऋग्वेद 'ज्ञान' है, जो लक्ष्य को प्रकाशित करता है।
- यजुर्वेद 'क्रिया' है, जो मार्ग प्रशस्त करता है।
- सामवेद 'भाव' है, जो गंतव्य को सरस बनाता है।
- अथर्ववेद 'रक्षण' है, जो यात्रा की बाधाओं को दूर करता है।

इन संहिताओं में मन्त्रों का स्वर, लय और अन्तराल मात्र व्याकरणिक नियम नहीं, अपितु नाद-विज्ञान के सूत्र हैं। वैदिक ज्यामिति और संख्याओं के सिद्धांतों के साथ इनका समन्वय सिद्ध करता है कि वेद मात्र शब्द नहीं, अपितु ब्रह्माण्डीय ऊर्जा के प्रतीक हैं। मन्त्रों का यथार्थ उच्चारण (Phonetics) शारीरिक और मानसिक तन्त्र को ऊर्जस्वित कर आध्यात्मिक विकास का मार्ग प्रशस्त करता है।

चारों संहिताएँ भारतीय ज्ञान-परंपरा की आधारशिला हैं। ऋग्वेद की गम्भीर ऋचाएँ, यजुर्वेद का अनुष्ठानिक विधान, सामवेद का अमृतमयी गायन और अथर्ववेद का लौकिक-विज्ञान मिलकर एक ऐसी समग्र चेतना का निर्माण करते हैं, जो आज भी मानवता हेतु ज्ञान के अनन्त स्रोत के रूप में जीवन्त और प्रासंगिक है।

वेदों की शाश्वतता और स्थानीयता

भारतीय ज्ञान-परंपरा के अधिष्ठान में वेदों की शाश्वतता और उनकी स्थानीय प्रासंगिकता का समन्वय एक अत्यंत गूढ़ एवं मौलिक प्रहेलिका के समान है। वेदज्ञान का स्वरूप न केवल एक स्थिर, कूटस्थ और अचल तत्त्व है, अपितु वह काल, देश और प्रसंग के अनुरूप सजीव, गत्यात्मक और बहुआयामी रूप धारण करने की सामर्थ्य रखता है। यह द्वैतात्मकता-नित्यता (Eternity) और स्थानिकता (Locality)-भारतीय प्रज्ञा की वह आधारशिला है, जहाँ ज्ञान का मूल

अपरिवर्तनीय रहते हुए भी अपनी अभिव्यक्तियों में नित्य नूतन बना रहता है। वेद, जिनका तात्विक स्वरूप अनादि और अनंत स्वीकार किया गया है, वे अपनी आदिम शुचिता को अक्षुण्ण रखते हुए भी स्थानीय संस्कृतियों और क्षेत्रीय संवेदनाओं के माध्यम से संपूर्ण मानवता के अंत:करण में प्रविष्ट होते रहे हैं। इस द्वैतवादी अन्वय को आत्मसात् किए बिना भारतीय अन्वीक्षिकी और ज्ञान-मीमांसा के मर्म को समझना सर्वथा दुष्कर है।

वेदों की शाश्वतता: अपौरुषेयता का दार्शनिक अधिष्ठान

वेद शब्द की व्युत्पत्ति संस्कृत की 'विद्' धातु से हुई है, जिसके चतुर्विध अर्थ-'विद् ज्ञाने' (जानना), 'विद् सत्तायाम्' (होना), 'विद् विचारणे' (विचार करना) और 'विद् लृप्तौ' (प्राप्त करना)-इसकी सर्वव्यापकता को सिद्ध करते हैं। वेदों का यह ज्ञान-प्रकाशन एक अमूर्त, सर्वकालीन और निर्गुण सत्ता का उद्घाटन है, जो किसी परिमित मानवीय बुद्धि के सृजन से परे है। इसी कारण वेदों को 'अपौरुषेय' माना गया है।' अपौरुषेयता' का दार्शनिक अभिप्राय यह है कि वेदों का स्रोत देश-काल की सीमाओं में आबद्ध मनुष्य नहीं है, अपितु वे ऋत (Cosmic Order) के साथ स्वत: आविर्भूत हुए हैं।

मीमांसा दर्शन के प्रवर्तक महर्षि जैमिनि ने 'तस्य निमित्तपरीष्टि:' के माध्यम से वेदों की नित्यता को शब्द और अर्थ के नित्य संबंध (औत्पत्तिकस्तु शब्दस्यार्थेन सम्बन्ध:) पर स्थापित किया है। यहाँ ऋषि को 'मन्त्र-कर्ता' नहीं, अपितु 'मन्त्र-द्रष्टा' (ऋषयो मन्त्रद्रष्टार:) कहा गया है। ऋषि वह आध्यात्मिक चेतना है, जिसने समाधि की अवस्था में उन दिव्य ध्वनियों और सत्यों का साक्षात्कार किया, जो ब्रह्मांड में पूर्व से ही गुंजायमान थे। इस दृष्टि से वेदों की शाश्वतता कूटस्थ है-अर्थात् इसमें न कुछ प्रक्षिप्त किया जा सकता है, न ही कुछ विलोपित।

स्थानीयता का उन्मेष: शाखा-परंपरा और देशज वैविध्य

वेदों की नित्यता जहाँ उनके 'प्राण' में बसती है, वहीं उनकी स्थानीयता उनके 'कलेवर' और 'व्यवहार' में परिलक्षित होती है। ऐतिहासिक और समाजशास्त्रीय परिप्रेक्ष्य में यह स्पष्ट है कि वेदों की संहिताएँ, मन्त्र-पाठ की शैलियाँ और अनुष्ठानिक प्रविधियाँ भौगोलिक क्षेत्रों और समुदायों के अनुसार पल्लवित हुई हैं। यद्यपि मूल मन्त्र अपरिवर्तनीय रहे, किन्तु उनकी शाखा-परंपराएँ (Recensions) स्थानीयता के रंग में रंगी गईं। महाभाष्यकार पतंजलि ने 'एकशतं अध्वर्युशाखा:' (यजुर्वेद की 101 शाखाएँ) और 'सहस्त्रवर्त्मा सामवेद:' (सामवेद के 1000 मार्ग) कहकर इसी स्थानीय वैविध्य को रेखांकित किया था।

यह स्थानीयता मात्र भौगोलिक भेद नहीं है, अपितु यह वेदों की उस उदारता का परिचायक है, जो स्थानीय सांस्कृतिक संवेदनाओं और सामाजिक आवश्यकताओं को अपने भीतर आत्मसात् कर लेती है। वेदों की शाश्वतता उन्हें 'अभेद्य' बनाती है, जबकि स्थानीयता उन्हें 'ग्रहणीय' और 'प्रासंगिक' बनाती है। यह युग्म भारतीय परंपरा के अंतर्निहित नवोन्मेषशाली स्वरूप को प्रदर्शित करता है।

श्रुति संरक्षण: अक्षर-नित्यता बनाम स्वर-वैविध्य

शाश्वतता और स्थानीयता के इस संघर्ष और समन्वय को समझने के लिए 'श्रुति' की अवधारणा का विश्लेषण आवश्यक है। श्रुति का अर्थ है– 'वह जो सुना गया'। गुरु-शिष्य परंपरा में वेदों को यथावत् सुरक्षित रखने के लिए विकृति-पाठ (जटा, माला, शिखा, रेखा, ध्वज, दण्ड, रथ, घन) जैसी जटिल विधाओं का आविष्कार किया गया। यह सुनिश्चित किया गया कि प्रत्येक अक्षर, प्रत्येक मात्रा और प्रत्येक स्वर की संख्या अपरिवर्तित रहे।

किन्तु, इसी संरक्षण के भीतर स्थानीयता ने अपनी सूक्ष्म छाप छोड़ी। दक्षिण भारत के नम्बूदरी ब्राह्मणों का ऋग्वेद पाठ,

उत्तर भारत के कौथुम अनुयायियों के सामवेद पाठ से स्वर-लहरी और उच्चारण की 'तर्ज' में भिन्न है। ऋग्वेद के ऋषि वामदेव की परंपरा और कात्यायन की अनुक्रमणी परंपरा के मध्य मन्त्र-वाचन के जो सूक्ष्म अंतर हैं, वे एक ही परम सत्य के क्षेत्रीय संस्करण प्रतीत होते हैं। यहाँ 'सत्य' (मन्त्र) शाश्वत है, किन्तु उसका 'उच्चारण-स्वर' (Local Intonation) स्थानीय है।

अनुष्ठानिक स्थानीयता: देश-काल-पात्र का विनियोग

वेदों की स्थानीयता का प्रखर रूप कल्प-सूत्रों और यज्ञीय कर्मकाण्डों में दृष्टिगोचर होता है। यज्ञ की वेदी का निर्माण, प्रयुक्त होने वाली समिधा, और अनुष्ठान की पद्धति क्षेत्रीय उपलब्धता और परंपरा से अनुप्राणित होती है। दक्षिण भारत (द्रविड़ क्षेत्र) में यज्ञशालाओं का विन्यास और मन्त्रों का सस्वर पाठ जिस 'उदात्त-अनुदात्त-स्वरित' के क्रम में होता है, वह मध्य भारत अथवा उत्तर भारत के 'कण्व' अथवा 'माध्यन्दिन' शाखा के पाठ से अपनी विशेष ध्वन्यात्मकता के कारण भिन्न दिखाई देता है।

नदी और जल के रूपक से इसे स्पष्ट समझा जा सकता है। जिस प्रकार गंगोत्री से निकला जल अपने मूल स्वरूप में शुद्ध और एक होता है, किन्तु ऋषिकेश, काशी और गंगासागर तक पहुँचते-पहुँचते वह अपने तटों, मिट्टी के गुणों और स्थानीय प्रवाह के अनुसार रूप बदलता है, वैसी ही स्थिति वेदों की है। वेदों का 'ब्रह्म-तत्व' शाश्वत जल है, और उनकी 'शाखाएँ' स्थानीय प्रवाह।

भाषिक मीमांसा और संदर्भपरक अर्थ-बोध

प्राचीन मीमांसा शास्त्र के आचार्यों ने यह स्वीकार किया कि शब्द का अर्थ संदर्भ-सापेक्ष (Context-dependent) होता है। यद्यपि वेद-मन्त्र 'नित्य-सत्य' का प्रतिनिधित्व करते हैं, उनकी व्याख्या (Bhasya) स्थानीय सांस्कृतिक बोध के अनुसार विकसित होती रही। सायणाचार्य का 'वेदार्थप्रकाश' जिस

विजयनगर साम्राज्य की पृष्ठभूमि में लिखा गया, उसका संदर्भ दयानंद सरस्वती के 'ऋग्वेदादिभाष्यभूमिका' से भिन्न है, जो आधुनिक तर्क और सुधारवाद के युग में लिखा गया।

यहाँ 'अविनाभाव सम्बंध' तो शाश्वत है, किन्तु 'प्रयोग-विज्ञान' स्थानीय है। वेदों ने कभी भी स्वयं को एक संकुचित हठधर्मिता (Dogma) में आबद्ध नहीं किया। इसीलिए भारतीय दर्शन में 'श्रुति-अनुकूल तर्क' को महत्व दिया गया। स्थानीय समाजों ने वेदों के मन्त्रों को अपनी लोक-कथाओं, त्योहारों और संस्कारों (षोडश संस्कार) में इस प्रकार पिरोया कि वे 'आगम' से 'लोक' की संपदा बन गए।

सामाजिक-सांस्कृतिक संवाद: ऋषियों का स्थानीय योगदान

वेदों की जीवंतता का एक बड़ा कारण ऋषियों द्वारा किया गया 'सांस्कृतिक पुनर्निरूपण' है। 'शुनक' ऋषि अथवा 'अगस्त्य' ऋषि की कथाएँ इस बात का प्रमाण हैं कि किस प्रकार वैदिक ज्ञान को विन्ध्य पर्वत के दक्षिण में ले जाया गया और वहाँ की स्थानीय परंपराओं के साथ उसका समन्वय किया गया। यजुर्वेद की तैत्तिरीय संहिता और वाजसनेयी संहिता के मध्य जो भेद हैं, वे वस्तुतः दो भिन्न समुदायों की स्थानीय मानसिकता और उनकी कर्म-पद्धति का दर्पण हैं।

यहाँ तक कि जनजातीय समुदायों और क्षेत्रीय लोक-संस्कारों ने भी वेदों से 'शांति-मन्त्र' और 'स्वस्ति-वाचन' ग्रहण किए, किन्तु उन्हें अपनी भाषा और लय के निकट ले आए। इस प्रक्रिया में वेदों की शाश्वतता नष्ट नहीं हुई, बल्कि उसका 'संवर्धन' हुआ।

आधुनिक युग में प्रासंगिकता: नित्यता का पुनरुद्धार

आधुनिक काल में स्वामी विवेकानंद, महर्षि अरविंद और दयानंद सरस्वती जैसे मनीषियों ने वेदों की इसी शाश्वतता और स्थानीयता के द्वंद्व को नवीन आलोक में देखा। विवेकानंद के

अनुसार, वेद 'ज्ञान-विज्ञान' के वे शाश्वत नियम हैं जो अनुभूतियों के आधार पर स्वयं को प्रत्येक युग में नए रूप में व्यक्त करते हैं। राहुल सांकृत्यायन ने अपनी ऐतिहासिक मीमांसा में यह पाया कि वेदों के भाषायी रूपांतरण और अनुष्ठानिक विविधीकरण ने ही उन्हें भारतीय समाज के प्रत्येक स्तर पर 'सजीव' रखा।

आज के वैश्विक संदर्भ में भी, जब वेद मन्त्रों का पाठ अमेरिका अथवा यूरोप में होता है, तो वहाँ की 'स्थानीय ध्वन्यात्मकता' (Phonetic adaptation) मन्त्रों में प्रवेश करती है, किन्तु मन्त्रों का 'बीज-तत्व' और उनका 'आध्यात्मिक प्रभाव' वही शाश्वत रहता है जो सहस्रों वर्ष पूर्व सरस्वती के तट पर था।

ज्ञान-मंदाकिनी का अक्षय प्रवाह

वेदों की शाश्वतता और स्थानीयता भारतीय ज्ञान-संस्कृति की वह अंतर्निहित शक्ति है, जिसने इस राष्ट्र को 'विश्वगुरु' के पद पर प्रतिष्ठित रखा। यह शक्ति इस अद्‌भुत सत्य में निहित है कि कैसे एक 'अपौरुषेय' और 'अतीन्द्रिय' ज्ञान को मर्मज्ञ ऋषियों ने अनुभव की आँच पर तपाया और उसे लोक-कल्याण हेतु स्थानीय समुदायों की दैनिक चर्या में विलीन कर दिया।

स्थानीयता ने वेदों को 'सुगम' और 'लोक-सापेक्ष' बनाया, जबकि शाश्वतता ने उन्हें 'अच्युत' और 'प्रमाणिक' रखा। शाश्वतता वेदों का 'आत्मा' है और स्थानीयता उनका 'स्पंदन'। इन दोनों का विच्छेद भारतीय संस्कृति के अस्तित्व को ही संकट में डाल सकता है। अत: इस द्वैत को समझना और संरक्षित रखना केवल विद्वत्ता का विषय नहीं, अपितु भारतीय होने की अनिवार्य शर्त है। यही वेदों के अनन्त ज्ञान से चार संहिताओं तक की यात्रा की वह केंद्रीय धुरी है, जो एक ओर मानवता को मोक्ष का मार्ग दिखाती है और दूसरी ओर उसे अपनी जड़ों (स्थानीयता) से जोड़े रखती है।

अन्तत: वेदों की यह ज्ञान-मंदाकिनी शाश्वत हिमालय से

निकलकर स्थानीय मैदानी क्षेत्रों को सींचती हुई आज भी हमारे चित्त को शीतल कर रही है। यह वह अद्वितीय सामंजस्य है जहाँ 'नित्य' और 'अनित्य' मिलकर एक 'एकात्म सत्य' की रचना करते हैं।

वैदिक संगीत एवं गणित : नाद-ब्रह्म का वैज्ञानिक अन्वय

वेदों में अंतर्निहित संगीत और गणित के विलक्षण समन्वय की महत्ता भारतीय ज्ञान-परंपरा की सर्वाधिक विस्मयकारी एवं गूढ़ विशिष्टताओं में से एक है। वेद मात्र प्रज्ञा के अक्षय कोष नहीं हैं, अपितु वे संगीतात्मक माधुर्य और गणितीय परिशुद्धता की एक समग्र अभिव्यक्ति हैं, जहाँ भाषिक कलेवर और ऊर्जात्मक स्पंदन की द्वैत भूमिका परिलक्षित होती है। इस अन्वेषण में हम यह अनुशीलन करेंगे कि किस प्रकार वैदिक मन्त्रों की लय, छन्द और ध्वन्यात्मक संरचनाएँ एक सूक्ष्म गणितीय प्रणाली (Mathematical System) के अनुरूप हैं, जो न केवल श्रवण-सुख प्रदान करती हैं, बल्कि मानसिक और आध्यात्मिक संवित् को भी नियंत्रित करती हैं। इस मीमांसा में आधुनिक वैज्ञानिक संज्ञान के साथ-साथ पारम्परिक वैदिक दृष्टिकोण की गरिमा और गाम्भीर्य को अक्षुण्ण रखा गया है।

वेदों में संगीत और गणितीय संरचनाओं का इतिहास अनादि है। वेद-मन्त्र वस्तुतः मात्र शब्द-समूह नहीं हैं, अपितु वे अत्यंत परिष्कृत छन्द और ताल-बद्ध (Rhythmic) अनुक्रम में सुव्यवस्थित 'ध्वनि-कण' हैं। इन ध्वनि-तरंगों में एक जैविक और वैश्विक गणितीय पदानुक्रम विद्यमान है, जो स्मृति (Memory) और निदिध्यासन (Contemplation) दोनों हेतु सर्वथा उपयुक्त है। मन्त्र-शास्त्र का यह निर्विवाद सिद्धांत है कि मन्त्र का जप तभी सिद्ध होता है जब उसे निर्धारित छन्द, यथार्थ उच्चारण, लय और ताल के साथ सम्पादित किया जाए। अतः वैदिक संगीत मात्र 'रंजन' (Entertainment) हेतु नहीं, अपितु ज्ञान के अविकृत संचरण (Transmission) हेतु अपरिहार्य है।

छन्दशास्त्रः गणितीय परिमाण एवं व्यवस्था

वैदिक संगीत की गणितीय संरचनाएँ मुख्य रूप से छन्द (Metrical Pattern), स्वर-लहरी, ताल और उनके अनुपातिक संयोजन पर आधारित हैं। छन्दशास्त्र ने वेदों के प्रत्येक मन्त्र के मात्रात्मक वर्गीकरण की वैज्ञानिक व्यवस्था प्रदान की है। गणितीय परिशुद्धता के कारण ही वेदों का 'श्रुति' रूप सदियों तक बिना किसी प्रक्षेप या विकृति के मौखिक रूप से सुरक्षित रहा।

छन्दों का सांख्यिक विन्यासः ऋग्वेद के प्रमुख छन्द-गायत्री, त्रिष्टुप, जगती और अनुष्टुप-एक निश्चित सांख्यिक क्रम का पालन करते हैं।

गायत्री छन्दः इसमें 24 अक्षर होते हैं, जो 8-8-8 की तीन पंक्तियों (चरणों) में विभक्त होते हैं। यह त्रिपदा संरचना एक पूर्ण गणितीय समरूपता प्रस्तुत करती है।

त्रिष्टुप छन्दः इसमें 44 अक्षर होते हैं, जो 11-11-11-11 की चतुष्पदी संरचना निर्मित करते हैं।

स्मृति और चैतन्यः मात्रा और समय की यह गणितीय अवधारणा मन्त्रोच्चार को लयबद्ध बनाती है, जिससे स्मृति-लोप की संभावना न्यूनतम हो जाती है। शास्त्रकारों के अनुसार, छन्द और ताल का यह सामंजस्य मस्तिष्क की तरंगों (Brain Waves) पर प्रभाव डालता है, जिससे 'एकाग्रता' और 'समाधि' की अवस्था सुगम हो जाती है।

स्वर-विज्ञान एवं ध्वनि-तरंगों का प्रभाव

सामवेद, जो संगीत का मूल उद्गम है, उसमें स्वरों की सूक्ष्मता, उनकी आवृत्ति (Frequency) और आरोह-अवरोह पर गहन शोध हुआ है। यहाँ सप्त-स्वर (षड्ज, ऋषभ, गान्धार, मध्यम, पंचम, धैवत, निषाद) मन्त्रों के स्वर-चिह्नों के रूप में प्रकट होते हैं, जिनके प्रयोग से वातावरणीय ऊर्जा का शोधन होता है।

ध्वनि-स्पेक्ट्रमः आधुनिक ध्वनि-विज्ञान (Acoustics) यह

पुष्ट करता है कि वैदिक मन्त्रों के स्वरों की आवृत्ति विशिष्ट होती है, जो मानव के स्नायु-तन्त्र (Neural System) और चित्त-वृत्ति को प्रभावित करती है।

न्यूरो-बायोलॉजिकल प्रभावः मन्त्रोच्चारण के समय उत्पन्न होने वाली ये तरंगें हृदय-गति और रक्तचाप को संतुलित करने में सहायक होती हैं। यह वैज्ञानिक तथ्य 'शब्द-ब्रह्म' की उस वैदिक अवधारणा को पुष्ट करता है, जहाँ 'नाद' को सृष्टि की आदि-ऊर्जा माना गया है।

ताल और समय-चक्र का गणित

वैदिक संगीत में 'ताल' मात्र संगीत का अंग नहीं, अपितु एक नियंत्रित गणितीय समय-चक्र (Time Cycle) है। यह चक्र 3, 5, 7, 9, 11 जैसी विषम और सम मात्राओं में वर्गीकृत होता है।

नाद-अनुशासनः ताल की यह प्रणाली मन्त्रों के समय-संगत उच्चारण को सुनिश्चित करती है, जिससे मानसिक स्थिरता प्राप्त होती है।

गणितीय सटीकताः छन्दशास्त्र के अनुसार, मन्त्र की प्रत्येक मात्रा की गणना इतनी सटीक होती है कि कोई भी मात्रा-भेद मन्त्र की प्रामाणिकता को खंडित कर देता है। इस प्रकार, गणित यहाँ 'सत्य' के संरक्षक के रूप में कार्य करता है।

नाद-योग एवं आध्यात्मिक जागरण

वैदिक संगीत का गणितीय ढाँचा 'नाद-योग' की प्रक्रिया का मार्ग प्रशस्त करता है। उपनिषद्रों में 'ॐ' (ओङ्कार) के उच्चारण को अनन्त ब्रह्म की ध्वनि-यात्रा माना गया है। गणितीय दृष्टि से 'ॐ' के तीन भाग-अकार, उकार और मकार-चेतना की तीन अवस्थाओं (जाग्रत, स्वप्न, सुषुप्ति) और ऊर्जा के भिन्न स्तरों का अंकन करते हैं।

लयात्मक चरणः संगीत के तीन लय-विलम्बित (धीमी),

मध्य और द्रुत (तीव्र)–विशिष्ट मानसिक अवस्थाओं को उत्प्रेरित करते हैं। विलम्बित लय गम्भीर ध्यान हेतु और द्रुत लय जाग्रत ऊर्जा के संचरण हेतु नियोजित है।

ज्ञान और विज्ञान का अद्वैत

वैदिक संगीत और गणितीय संरचनाओं की यह अक्षय निधि भारतीय ज्ञान–परंपरा का वह आधार है जो प्रज्ञा (Intuition) और विज्ञान (Logic) को एक सूत्र में पिरोता है। संस्कृत भाषा की स्वर–मात्राओं से लेकर 137, 108 और 1000 जैसी संख्यात्मक कूटों (Codes) तक, वेदों का प्रत्येक अवयव एक वृहत्तर ब्रह्मांडीय नियम का प्रतिनिधित्व करता है।

वर्तमान न्यूरो–साइंस शोधों ने भी यह स्वीकार किया है कि वैदिक मन्त्रों का विशिष्ट गणितीय गायन मस्तिष्क की अल्फा और थीटा तरंगों को प्रवर्धित करता है, जो तनाव–मुक्ति और संज्ञानात्मक विकास हेतु अनिवार्य है। अंततः वैदिक संगीत और उसकी गणितीय व्यवस्था न केवल श्रवण–सौंदर्य की परिचायक है, अपितु यह आध्यात्मिक जागरण और मानवता के समग्र उत्थान का एक सुव्यवस्थित वैज्ञानिक साधन है। यह नाद और सांख्यिकी का वह संगम है, जो भारतीय ज्ञान–संस्कृति को शाश्वत और जीवंत बनाए रखता है।

अध्याय

4

श्रुति: प्रज्ञा का अनादि वितान और अपौरुषेय संवित्

'श्रुति' का व्युत्पत्तिपरक अर्थ है– 'श्रूयते इति श्रुति:' अर्थात् जो श्रवण का विषय हो। किंतु भारतीय ज्ञान-मीमांसा (Epistemology) में श्रुति का भाव मात्र कर्ण-गोचर ध्वनियों तक सीमित नहीं है, अपितु यह उस अनादि, अनंत और अपौरुषेय (Impersonal) संवित् का परिचायक है, जो ऋषियों के निर्मल अंत:करण में प्रत्यक्ष रूप से 'स्फुरित' हुआ है। श्रुति की यह परिकल्पना मात्र एक बौद्धिक स्थापना नहीं, अपितु आध्यात्मिक पराकाष्ठा, सतत् तपश्चर्या और निदिध्यासन की वह परिणति है जहाँ ज्ञाता और ज्ञेय का द्वैत समाप्त हो जाता है।

इस अनुभूत प्रज्ञा को मूलत: न तो किसी मर्त्य मानव ने रचा, न ही किसी चतुर संहिताकार ने कल्पित किया; अपितु यह देश-काल-निरपेक्ष वास्तविकता का वह उद्घाटन है जो स्वत:-प्रमाण है। भारतीय दर्शन, विशेषत: मीमांसा और वेदांत में, श्रुति को ज्ञान का सर्वोच्च और अंतिम प्रमाण माना गया है। इसे 'प्रामाण्य' का आधार इसलिए स्वीकार किया गया क्योंकि यह जीवात्मा और परमात्मा के उस अतीन्द्रिय मिलन का प्रतिफल है, जो तार्किक विमर्श की परिधि से सर्वथा परे है। यह अनुभव तर्क-मूलक (Logical) न होकर साक्षात्कार-मूलक (Intuitive) है। अत: श्रुति का तात्पर्य केवल शब्द-राशि का संचय नहीं, अपितु उन वैश्विक ऋत-सत्यों की ओजस्वी अभिव्यक्ति है जो साधक के चित्त और आध्यात्मिक ज्ञानेंद्रियों द्वारा ग्रहण की जाती है।

अपौरुषेयता और ऋषित्वः द्रष्टा की भूमिका

श्रुति परंपरा में ऋषियों को 'रचयिता' (Author) नहीं, अपितु 'द्रष्टा' (Seer) कहा गया है– 'ऋषयो मन्त्रद्रष्टारः'। इसका दार्शनिक अभिप्राय यह है कि ऋषि उस दिव्य सत्य के सृजक नहीं हैं, बल्कि वे उस सत्य के अन्वेषक और माध्यम हैं। श्रुति न तो मानव संवेदन के धरातल पर सूक्ष्म तत्त्वों का केवल भाषान्तरण है और न ही ऐतिहासिक परिवर्तनों के अधीन कोई विनिर्मित वस्तु। यह उस 'सत्य' का अनावरण है जो ब्रह्म, आत्मा और जगत् के अंतर्संबंधों की विद्या का शाश्वत अधिष्ठान है।

ऋषियों ने अपने अंतर्मन की निभृत गहराइयों में, ध्यान-योग की पराकाष्ठा पर जिस दिव्य ज्योति का अनुभव किया, उसे उन्होंने मन्त्र, संहिता और उपनिषद् के रूप में ध्वनित किया। यह प्रक्रिया 'अपौरुषेय' कहलाती है क्योंकि इसका हेतु कोई व्यक्तिगत राग-द्वेष युक्त पुरुष नहीं, बल्कि वह निर्विकार चैतन्य है जो सृष्टि के आदि से पूर्व भी विद्यमान था। श्रुति का अस्तित्व किसी ग्रंथ की भौतिकता पर निर्भर नहीं, वरन् उसकी अनुभवात्मक प्रामाणिकता पर आश्रित है।

श्रुति और स्मृतिः नित्यता एवं गत्यात्मकता का विभेद

भारतीय प्रज्ञा-तंत्र में श्रुति और स्मृति के मध्य का विभेद अत्यंत सूक्ष्म और तार्किक है। जहाँ स्मृति ग्रंथ (यथा मनुस्मृति, याज्ञवल्क्य स्मृति) व्याख्याओं, परंपराओं और मानवीकृत विचारों का निक्षेप हैं, वहीं श्रुति वह मूल उत्स है जो केवल 'साक्षात्कार' का विषय है। स्मृति अपने स्वरूप में सापेक्ष (Relative) और देश-काल के प्रभावों से आवृत हो सकती है, किंतु श्रुति निरपेक्ष (Absolute) और शाश्वत है।

स्मृति का गौरव श्रुति के अनुगामी होने में है– 'श्रुतेरिवार्थ स्मृतिरन्वगच्छत्'। स्मृति बिना श्रुति के निराधार है, किंतु श्रुति अपने प्रसार हेतु स्मृति का आश्रय लेती है। श्रुति की ज्ञान-संरचना मानवीय त्रुटियों और दोषों (भ्रम, प्रमाद, विप्रलिप्सा

आदि) से मुक्त है, इसीलिए इसे 'अनादि' कहा गया है। इसकी सत्यता का आधार इंद्रिय-प्रत्यक्ष नहीं, बल्कि 'ऋषि-श्रोता' की उस अतीन्द्रिय अवस्था का नियोजन है जहाँ वैश्विक चेतना स्वयं को वाणी के रूप में प्रकट करती है।

श्रुति का पारमार्थिक (Ontological) स्वरूप

श्रुति का सत्तामीमांसीय (Ontological) स्वरूप अत्यंत सघन है। यह मात्र एक विचार अथवा भाव नहीं है, अपितु विश्व के आधारभूत तत्त्वों और सत्ता के निर्विकार स्वरूप का साक्षात् दर्शन है। यहाँ श्रुति को केवल भाषा और व्याकरण के ढाँचे में नहीं, अपितु उस कूटस्थ ज्ञान के रूप में देखा जाना चाहिए जो ब्रह्मत्व, आत्मत्व और मोक्ष के सिद्धांतों का महासंगम है।

श्रुति का क्षेत्र न तो संकुचित है और न ही व्यक्तिपरक; यह समस्त चराचर जगत् के रहस्यों का प्रतिबिंब है। इसके ग्रहण हेतु विशिष्ट आध्यात्मिक पात्रत्व (Competency) की अपेक्षा होती है। साधक को केवल बौद्धिक चातुर्य नहीं, बल्कि 'श्रुति-हृदय' की आवश्यकता होती है–वह मानसिक अवस्था जहाँ विक्षेप और संशय का पूर्ण उपशम हो चुका हो। गुरु-शिष्य परंपरा इस संचरण का अनिवार्य माध्यम है क्योंकि आध्यात्मिक अनुभूति का हस्तांतरण केवल शाब्दिक नहीं, बल्कि 'शक्तिपात' और सजीव बोध के माध्यम से होता है।

शब्द-नित्यता और नाद-ब्रह्म का विज्ञान

श्रुति परंपरा में शब्द को 'नित्य' माना गया है। 'शब्दब्रह्म' की अवधारणा यह स्थापित करती है कि ध्वनि ही सृष्टि का आदि-कम्पन्न है। श्रुति के मंत्र मात्र अर्थवाही शब्द नहीं हैं, अपितु वे विशिष्ट ऊर्जा-पुंज हैं। प्रत्येक मन्त्र का एक 'ऋषि', एक 'छन्द' और एक 'देवता' होता है।

- **ऋषि:** जिसने मन्त्र का प्रथम साक्षात्कार किया।
- **छन्द:** वह गणितीय लय जिसमें मन्त्र आबद्ध है।
- **देवता:** वह ऊर्जा-स्वरूप जिसे मन्त्र जाग्रत करता है।

मन्त्रों का सस्वर पाठ (उदात्त, अनुदात्त, स्वरित) चित्त के स्तरों को स्पंदित कर उसे उच्चतर चेतना से जोड़ता है। यही कारण है कि श्रुति के पठन-पाठन में 'स्वर-शुद्धि' पर इतना बल दिया गया है। एक लघु स्वर-भेद भी अर्थ और प्रभाव को परिवर्तित कर सकता है, अतः श्रुति का संरक्षण एक वैज्ञानिक तपस्या के समान रहा है।

श्रुति का सामाजिक-सांस्कृतिक वितान

भारत की ज्ञान-संस्कृति में श्रुति के प्रति जो अनन्य श्रद्धा है, उसने एक सुदृढ़ सामाजिक-सांस्कृतिक ढाँचे को निर्मित किया है। जहाँ अन्य ज्ञान-शाखाएँ (विज्ञान, कला, राजनीति) विकसित हुईं, वहीं श्रुति (वेद-उपनिषद्) को 'परम प्रमाण' के रूप में सर्वोच्च स्थान प्राप्त रहा। इस प्रेरणा से ही भारतीय मनीषियों ने न केवल दर्शन की स्थापना की, बल्कि लोक-जीवन में भी शुचिता और धर्म का संचार किया।

श्रुति का प्रभाव मात्र मन्दिरों या पीठों तक सीमित नहीं रहा, अपितु इसने भारतीय जीवन-दृष्टि को 'सर्व खल्विदं ब्रह्म' (सब कुछ ब्रह्म है) के सूत्र से अनुप्राणित किया। इसने मनुष्य को संकुचित 'स्व' से ऊपर उठाकर 'वसुधैव कुटुम्बकम्' की व्यापकता प्रदान की। श्रुति का ज्ञान केवल सूचनात्मक (Informational) नहीं, बल्कि रूपांतरणकारी (Transformational) है। यह साधक को मात्र ज्ञानी नहीं बनाता, बल्कि उसे 'ब्रह्मवित्' (ब्रह्म को जानने वाला) बनाकर स्वयं ब्रह्म-स्वरूप कर देता है।

उपनिषद्: श्रुति का चरमोत्कर्ष

श्रुति के विशाल वाङ्मय में उपनिषद् उस शीर्ष बिंदु पर अवस्थित हैं जहाँ पहुँचकर अन्वेषण समाप्त हो जाता है और अनुभव आरंभ होता है। इन्हें 'वेदान्त' कहा जाता है, क्योंकि ये वेदों के अंतिम ध्येय–आत्मबोध–को अनावृत करते हैं। यहाँ 'श्रवण' का अर्थ मात्र सुनना नहीं, बल्कि 'अहं ब्रह्मास्मि' की उस गूँज को आत्मसात् करना है जो साधक के अंतस में अनादि

काल से गूँज रही है।

उपनिषद्‌ों की श्रुति हमें सिखाती है कि सत्य बाह्य जगत् में नहीं, अपितु अंतर्हृदय के 'दहराकाश' में स्थित है। यह बोध ही अज्ञान के पाशों को छिन्न-भिन्न कर मोक्ष का मार्ग प्रशस्त करता है।

अंततः श्रुति की परिकल्पना भारतीय ज्ञान-परंपरा में उस अक्षय आलोक के समान है जो अविद्या के अंधकार को नष्ट कर जीव को शिवत्व की ओर ले जाती है। यह मात्र पुरातन ग्रंथों का अवशेष नहीं, अपितु एक जीवंत आध्यात्मिक प्रक्रिया है जो आज भी उतनी ही प्रासंगिक है जितनी सहस्रों वर्ष पूर्व थी।

श्रुति वह दिव्य विमर्श है जो सत्य के स्वरूप को स्थिर और ऊर्जस्वित रखता है। इसे ग्रहण करने वाला मनुष्य मात्र सूचना का श्रोता नहीं, अपितु उस अनादि चैतन्य का सहभागी और वाहक बन जाता है। यही श्रुति-परंपरा का गौरव है कि वह मनुष्य को क्षुद्र सीमाओं से मुक्त कर अनंत का साक्षात्कार कराती है। आज के भौतिकवादी युग में भी, श्रुति के प्रति संवेदनशीलता और सतत् स्वाध्याय हमें आत्मिक शांति और जीवन की सार्थकता का बोध कराने में सक्षम है। यह प्रज्ञा का वह आदि-वितान है, जिसके नीचे समस्त भारतीय संस्कृति अपनी शीतलता और महत्ता प्राप्त करती है।

श्रुति-स्मृति, मीमांसा: शाश्वत संवित् एवं ऐतिहासिक प्रज्ञा का अन्वय

भारतीय ज्ञान-परंपरा के सुदृढ़ प्रासाद में 'श्रुति' और 'स्मृति' की अवधारणाएँ मात्र संज्ञाएँ नहीं हैं, अपितु वे समग्र ज्ञान-परिसर के दो अक्षुण्ण मेरुदण्ड हैं। इन दोनों के मध्य का पार्थक्य और उनकी परस्पर अन्तःक्रिया (Interaction) भारतीय दर्शन, धर्मशास्त्र, विधिशास्त्र और सामाजिक आचार-संहिता के अध्ययन हेतु एक मौलिक अधिष्ठान प्रस्तुत करती है। यह मीमांसीय विमर्श स्पष्ट करता है कि श्रुति जहाँ एक कूटस्थ, अचल और

सार्वकालिक सत्य की उद्घोषिका है, वहीं स्मृति उस सत्य के विस्तार, व्याख्या और सामाजिक संवाहन की प्रक्रिया में एक गत्यात्मक एवं सजीव घटक के रूप में प्रतिष्ठित है। यह संवाद भारतीय प्रज्ञा के बहुआयामी स्वरूप को समझने हेतु अनिवार्य है, जहाँ शाश्वत और समसामयिक का अद्भुत सामंजस्य परिलक्षित होता है।

श्रुतिः अपौरुषेय संवित् और नित्य प्रामाण्य

श्रुति का व्युत्पत्तिपरक अर्थ है– 'श्रूयते इति श्रुतिः'। यह वह संवित् है जो अनादि काल से गुरु-शिष्य परंपरा में श्रवण द्वारा रक्षित है। श्रुति की सर्वोच्च विशिष्टता उसकी 'अपौरुषेयता' (Impersonal origin) में सन्निहित है। भारतीय मनीषा के अनुसार, श्रुति किसी मर्त्य मानव की बौद्धिक रचना नहीं है, अपितु यह वह परम सत्य है जो ऋषियों के निर्मल अंतःकरण में 'स्फुरित' हुआ है। यहाँ ऋषि 'मन्त्र-कर्ता' नहीं, अपितु 'मन्त्र-द्रष्टा' (Seer) हैं।

श्रुति का स्वरूप 'अनादि' और 'अनंत' है, जो काल के प्रवाह से अप्रभावित रहता है। वेदों के चार भाग–संहिता, ब्राह्मण, आरण्यक और उपनिषद्–इसी श्रुति श्रेणी के अंतर्गत आते हैं। ये ग्रंथ 'स्वतः प्रमाण' हैं, अर्थात् इनकी प्रामाणिकता सिद्ध करने के लिए किसी अन्य स्रोत की आवश्यकता नहीं होती। श्रुति का ज्ञान 'परमार्थिक' है, जो आत्मा, ब्रह्म और जगत् के गूढ़ अंतर्संबंधों का साक्षात् दर्शन कराता है। यह वह ध्रुव तारा है जिसके आलोक में समस्त भारतीय दर्शन और जीवन-पद्धति संचालित होती है।

स्मृतिः ऐतिहासिक प्रज्ञा और व्याख्यात्मक विस्तार

श्रुति के कूटस्थ सत्य के विपरीत, स्मृति का अर्थ है– 'स्मर्यते इति स्मृतिः' अर्थात् जो स्मरण किया गया हो। स्मृति वह प्रज्ञा है जिसे मानवीय बुद्धि और सांस्कृतिक अनुभवों के आधार पर संचित और संहिताबद्ध किया गया है। यदि श्रुति 'प्राण' है, तो स्मृति उसका 'शरीर' है। स्मृति ग्रंथों (यथा–

मनुस्मृति, याज्ञवल्क्य स्मृति, पराशर स्मृति, और महाभारत-रामायण जैसे इतिहास ग्रंथ) का उद्देश्य श्रुति के अमूर्त सिद्धांतों को देश, काल और पात्र के अनुरूप व्यावहारिक स्वरूप प्रदान करना है।

स्मृति का स्वरूप 'पौरुषेय' (Human origin) है, जिसका अर्थ है कि इनके प्रणेता विशिष्ट ऋषि (मनु, अत्रि, वशिष्ठ आदि) रहे हैं, जिन्होंने श्रुति के गूढ़ मर्म को स्मरण कर उसे सामाजिक अनुशासन के रूप में लिपिबद्ध किया। स्मृति भारतीय प्रज्ञा का वह जीवित 'निक्षेप' (Deposit) है, जो निरंतर प्रवाहमान रहता है। यह परंपरा का वह विवेक है जो युगानुकूल परिवर्तनों को आत्मसात् करते हुए श्रुति की प्रासंगिकता को अक्षुण्ण रखता है।

श्रुति और स्मृतिः ज्ञानमीमांसीय पार्थक्य

भारतीय ज्ञान-मीमांसा में श्रुति और स्मृति के मध्य का अंतर अत्यंत सूक्ष्म और श्रेणीबद्ध है:

प्रामाण्य-भेदः मीमांसा दर्शन के अनुसार, श्रुति 'निरपेक्ष प्रमाण' है, जबकि स्मृति 'सापेक्ष प्रमाण' है। स्मृति की प्रामाणिकता तभी तक मान्य है जब तक वह श्रुति के सिद्धांतों का विरोध न करे-'श्रुतिस्मृतिविरोधे तु श्रुतिरेव गरीयसी'। अर्थात् जहाँ विरोध हो, वहाँ श्रुति का ही निर्णय अंतिम माना जाता है।

विषय-वस्तु का स्वरूपः श्रुति का मुख्य विषय 'तत्त्व' और 'नित्य धर्म' है, जो अपरिवर्तनीय है। स्मृति का मुख्य विषय 'समय-धर्म' और 'लोक-व्यवहार' है, जो सामाजिक संक्रमण के साथ परिष्कृत हो सकता है।

प्रसार पद्धतिः श्रुति का संचरण 'स्वर-प्रधान' और 'अक्षर-प्रधान' वाचिक परंपरा से हुआ, जहाँ एक मात्रा का भी विचलन दोष माना जाता है। स्मृति का संचरण 'अर्थ-प्रधान' रहा, जहाँ मूल भाव की रक्षा करते हुए भाषायी और व्याख्यात्मक विस्तार की स्वतंत्रता रही।

पूरकता एवं अन्त:क्रिया: सिद्धांत और अभ्यास का अन्वय

श्रुति और स्मृति का संबंध भारतीय प्रज्ञा में 'सिद्धांत' और 'अनुप्रयोग' (Theory and Practice) के समान है। श्रुति जहाँ दार्शनिक अधिष्ठान प्रदान करती है, वहीं स्मृति उसका सामाजिक संस्थानीकरण (Institutionalization) करती है।

स्मृति की सक्रियता के बिना श्रुति केवल एक अमूर्त और अकथित सत्ता रह जाती, जो सामान्य जन-मानस की पहुँच से दूर होती। स्मृति ने वेदों के महावाक्यों को आचार-संहिताओं, नीति-कथाओं और उपदेशों के माध्यम से लोक-व्यवहार का अंग बनाया। उदाहरणस्वरूप, उपनिषदों का 'सत्यं वद' (सत्य बोलो) का उपदेश स्मृति और इतिहास ग्रंथों (यथा-राजा हरिश्चंद्र की कथा) के माध्यम से एक जीवंत सामाजिक आदर्श के रूप में प्रतिष्ठित हुआ।

स्मृति ग्रंथ विभिन्न कालखंडों में 'परिवर्तन के संवाहक' (Agents of change) रहे हैं। जब सामाजिक ढाँचे में परिवर्तन आता है, तब 'कलिवर्ज्यं' अथवा 'नूतन व्यवस्था' के माध्यम से स्मृतियाँ श्रुति के मूल उद्देश्यों की रक्षा करते हुए नियमों को पुनर्संरचित करती हैं। यह लोचशीलता (Flexibility) ही भारतीय संस्कृति के सहस्राब्दियों तक जीवित रहने का मुख्य कारण है।

मीमांसा दर्शन का दृष्टिकोण: विधि और निषेध

मीमांसा शास्त्र में श्रुति और स्मृति के संबंधों को अत्यंत वैज्ञानिक रूप से विश्लेषित किया गया है। मीमांसा के अनुसार, समस्त वेदों का प्रयोजन 'यज्ञ' और 'धर्म' (चोदनालक्षणोऽर्थो धर्मः) है। श्रुति जहाँ साक्षात् 'विधि' (Direct Command) प्रदान करती है, वहीं स्मृति उस विधि के अनुपालन हेतु 'व्याख्यात्मक नियमावली' प्रस्तुत करती है।

स्मृति की प्रामाणिकता हेतु मीमांसा 'अनुमान' का सहारा लेती है। यदि किसी स्मृति-वाक्य का मूल श्रुति में प्रत्यक्षतः नहीं मिलता, तो यह अनुमान लगाया जाता है कि इसके मूल में

कोई लुप्त श्रुति-शाखा अवश्य रही होगी। यह धारणा स्मृति को श्रुति का 'विस्तारित रूप' सिद्ध करती है।

आचारः श्रुति-स्मृति का व्यावहारिक चरमोत्कर्ष

स्मृति के प्रसंग में 'आचार' (Conduct) की अवधारणा अत्यंत महत्वपूर्ण है। शास्त्र कहते हैं– 'आचारः परमो धर्मः'। आचार वह व्यावहारिक ज्ञान है जो श्रुति की प्रेरणा और स्मृति के निर्देशों से छनकर जीवन-पद्धति में उतरता है। शिष्टाचार अथवा 'सदाचार' (महापुरुषों का आचरण) को भी स्मृति के समान महत्त्व दिया गया है क्योंकि वह ज्ञान का क्रियात्मक पक्ष है। भारतीय समाज में आचार के माध्यम से ज्ञान का 'अनुप्रयोग' सुनिश्चित होता है। यह श्रुति के आध्यात्मिक सत्यों को लोक-रीति, पर्वों, उत्सवों और दैनिक संस्कारों में परिवर्तित कर देता है। इस प्रकार, एक सामान्य व्यक्ति भी अनजाने में श्रुति के उच्चतर सिद्धांतों का पालन अपने आचार के माध्यम से करता रहता है।

ऐतिहासिक प्रासंगिकता एवं नूतन भाष्य

श्रुति और स्मृति की यह द्वैतात्मक व्यवस्था भारतीय ज्ञान-परंपरा को एक साथ 'स्थिर' और 'प्रवाहमान' बनाती है। जहाँ श्रुति ने ज्ञान के केंद्र को विचलित नहीं होने दिया, वहीं स्मृति ने उसकी परिधि को विस्तार दिया। इसी कारण भारतीय दर्शन में समय-समय पर नूतन भाष्यों (Commentaries) की रचना हुई। आदि शंकराचार्य, रामानुजाचार्य और मध्वाचार्य जैसे आचार्यों ने श्रुति (प्रस्थानत्रयी) पर भाष्य लिखकर स्मृति की परंपरा को ही आगे बढ़ाया, जहाँ प्राचीन ज्ञान को नवीन युगीन संदर्भों में व्याख्यायित किया गया।

आधुनिक युग में भी, जब सामाजिक चुनौतियाँ परिवर्तित हो रही हैं, भारतीय मनीषा अपनी 'स्मृति' प्रज्ञा का प्रयोग कर श्रुति के शाश्वत मूल्यों (यथा–अहिंसा, सत्य, अपरिग्रह) को वैश्विक मानवाधिकारों और पर्यावरण चेतना के साथ जोड़ रही है।

वस्तुतः श्रुति और स्मृति भारतीय ज्ञान-परंपरा के दो ऐसे

अभिन्न अंग हैं जो एक-दूसरे के बिना अपूर्ण हैं। श्रुति यदि 'सूर्य' है जिसका प्रकाश नित्य और अपरिवर्तनीय है, तो स्मृति वह 'दर्पण' है जो उस प्रकाश को विभिन्न दिशाओं और कोणों में परावर्तित कर संसार को आलोकित करती है।

यह द्वैतात्मकता केवल ग्रंथों का वर्गीकरण नहीं है, अपितु यह एक ऐसी प्रज्ञा-प्रणाली है जिसमें सत्य की 'नित्यता' और 'गत्यात्मकता' का वरेण्य संगम है। श्रुति हमें 'होने' (Being) का बोध कराती है, जबकि स्मृति हमें 'जीने' (Becoming) की कला सिखाती है। इन दोनों के मध्य का सन्तुलन और निरंतर संवाद ही वह शक्ति है जिसने भारत को ज्ञान की भूमि बनाए रखा है। श्रुति और स्मृति की इस अन्तःक्रिया को समझकर ही हम भारतीय ज्ञान-संस्कृति के उस विराट स्वरूप का साक्षात्कार कर सकते हैं, जहाँ ज्ञान जड़ सूचना नहीं, अपितु एक मुक्तिगामी चेतना है।

श्रुति की आध्यात्मिक प्रामाणिकताः ऋषित्व एवं अपौरुषेय संवित्

भारतीय ज्ञान-परंपरा में श्रुति को मात्र एक ऐतिहासिक ग्रंथ-राशि के रूप में स्वीकार नहीं किया जाता, अपितु इसे अनादि, अनंत और सार्वभौमिक सत्य का साक्षात् विग्रह माना गया है। श्रुति की प्रामाणिकता का आधार भौतिक परीक्षण (Physical Verification) अथवा वह इंद्रिय-जन्य सत्यापन नहीं है, जो आधुनिक पाश्चात्य विज्ञान में प्रचलित है। इसके विपरीत, श्रुति की प्रामाणिकता इसके 'स्वतः-प्रामाण्य' (Self-validity) और पारलौकिक (Transcendental) स्वरूप से उद्भूत होती है। वेदांत, उपनिषद् और मीमांसा शास्त्रों के अनुसार, यह ज्ञान नित्य-सिद्ध है, जो ऋषि-परंपरा द्वारा अनुभूत और संरक्षित है। श्रुति की प्रामाणिकता का अर्थ है-एक ऐसा प्रबोध जो तार्किक ऊहापोह से परे अंतःकरण की गहन अंतर्दृष्टि एवं दिव्य अनुभूति से प्रस्फुटित होता है।

ऋषि-परंपरा: द्रष्टा, रचयिता नहीं

भारतीय प्रज्ञा-तंत्र में 'ऋषि' शब्द का अर्थ केवल मंत्र-पाठक या यज्ञकर्ता नहीं है। 'ऋषयो मन्त्रद्रष्टार:' -अर्थात् ऋषि वह है जिसने आत्मिक गहनता और समाधि की अवस्था में 'सत्य' का साक्षात् दर्शन किया हो। ऋषि एक 'द्रष्टा' (Seer) है, न कि 'स्रष्टा' (Creator)। वे ज्ञान के उस अनादि प्रवाह के प्रतिपादक हैं, जो ब्रह्मांड में नित्य विद्यमान है। ऋषियों की प्रामाणिकता उनकी तपस्या, इंद्रिय-निग्रह और चित्त-शुद्धि से सुनिश्चित होती है।

ऋषि की दृष्टि में दो अनिवार्य आयाम सन्निहित होते हैं:

प्रातिभ-ज्ञान (Intuitive Vision): वह अंत:प्रज्ञा जो प्रत्यक्ष और अनुमान की सीमाओं को लांघकर 'ऋत' (Universal Law) का साक्षात्कार करती है।

आर्ष-परंपरा: वह गुरु-शिष्य शृंखला जो ज्ञान को देश-काल की विकृतियों से सुरक्षित रखते हुए उसे संप्रेषित करती है।

ऋषि का जीवन तप और योग से अनुप्राणित था, जिससे उनका मानस एक 'स्वच्छ दर्पण' के समान हो जाता था, जिसमें शब्द-ब्रह्म स्वयं को प्रतिबिंबित करता था। अत: श्रुति की प्रामाणिकता ऋषि के वैयक्तिक पांडित्य पर नहीं, अपितु उनकी निर्विकार अनुभूति पर आधारित है।

अपौरुषेयता: ज्ञान की स्वाभाविकता एवं नित्यता

श्रुति की प्रामाणिकता का मेरुदण्ड 'अपौरुषेयता' का सिद्धांत है। इसका तात्पर्य है कि यह ज्ञान मानवीय बुद्धि की रचना (Human artifact) नहीं है। यह 'नित्य' है क्योंकि यह सृष्टि के नियमों के समान अपरिवर्तनीय है। मीमांसा दर्शन के अनुसार, यदि ज्ञान किसी व्यक्ति-विशेष की रचना होता, तो उसमें मानवीय दोष भ्रम, प्रमाद, विप्रलिप्सा आदि की संभावना रहतीहै। चूँकि श्रुति अपौरुषेय है, अत: यह समस्त दोषों से मुक्त और स्वत:-प्रामाणिक है।

यह ज्ञान बाह्य जगत् के निरीक्षण से नहीं, बल्कि 'आत्मानुभूति' और 'मानस-मंथन' द्वारा हृदय के स्तर पर प्राप्त होता है। उपनिषदों में वर्णित 'तत्त्वमसि' जैसे महावाक्य इसी आंतरिक जागरण के प्रमाण हैं। यह ज्ञान सरल पुस्तकीय सूचना नहीं, अपितु 'अनुभवात्मक चेतना' है।

मौखिक परंपरा: संरक्षण का वैज्ञानिक अनुशासन

श्रुति का जो स्वरूप हमारे पास उपलब्ध है, वह मात्र लिखित ग्रंथों का संचय नहीं, अपितु एक अत्यंत सुव्यवस्थित और वैज्ञानिक वाचिक परंपरा (Oral Tradition) का प्रतिफल है। इस परंपरा में मन्त्रों के स्वर, मात्रा, लय और छन्द को अक्षुण्ण रखने हेतु 'विकृति-पाठ' (जटा, माला, शिखा, रेखा आदि) जैसी जटिल प्रविधियों का विकास किया गया।

इस मौखिक संचरण का मुख्य उद्देश्य ज्ञान की 'नादात्मक शुचिता' (Vibrational Purity) को बनाए रखना था। एक सूक्ष्म स्वर-भेद भी मन्त्र के प्रभाव को परिवर्तित कर सकता था, अत: ऋषियों ने इसे कठोर अनुशासन द्वारा संरक्षित किया। यह प्रणाली ज्ञान को व्यक्तिपरक संदर्भों (Subjective contexts) से मुक्त कर उसे सार्वभौमिक सत्य के रूप में स्थापित करती है। यहाँ रचयिता का अभाव ज्ञान को 'लेखक' की सीमाओं से मुक्त कर उसे 'ब्रह्मांडीय सत्य' बना देता है।

कालजयी प्रासंगिकता: अपरिवर्तनीय स्थिरता

श्रुति ज्ञान की प्रामाणिकता समय के प्रवाह से अप्रभावित रहती है। जहाँ आधुनिक वैज्ञानिक तथ्य निरंतर संशोधनों के अधीन होते हैं, वहीं श्रुति का सत्य 'कूटस्थ-नित्य' है। इसका कारण यह है कि श्रुति उन मूलभूत सत्यों (यथा-चेतना का स्वरूप, नैतिकता के नियम, आत्मा की अमरता) को संबोधित करती है जो अपरिवर्तनीय हैं।

इस स्थिरता में ही इसकी आध्यात्मिक शक्ति निहित है। यह ज्ञान किसी तात्कालिक सामाजिक आवश्यकता या प्रगतिशीलता

का परिणाम नहीं है, बल्कि यह वह शाश्वत दर्पण है जिसमें प्रत्येक युग स्वयं को देख सकता है। इसे 'अनादि' इसलिए कहा गया क्योंकि यह सृष्टि के मूल ताने-बाने (Cosmic Fabric) का हिस्सा है।

श्रुति बनाम आधुनिक विज्ञानः प्रामाण्य के दो धरातल

आधुनिक ज्ञान-पद्धति मुख्यतः 'प्रत्यक्ष' और 'अनुमान' पर आधारित है, जो इंद्रिय-जगत् तक सीमित है। इसके विपरीत, श्रुति का क्षेत्र 'अतीन्द्रिय' (Super-sensory) है।

आधुनिक पद्धतिः परीक्षण, पुनरावृत्ति और अवलोकन (Observation) पर बल देती है।

श्रुति पद्धतिः तप, योग, और 'शब्द-प्रमाण' पर आधारित है।

यद्यपि दोनों के धरातल भिन्न हैं, किंतु श्रुति का ज्ञान इन्द्रिय-जगत् के अनुभवों से अधिक व्यापक है। यह 'ज्ञाता' के स्वरूप का अन्वेषण करता है, जबकि विज्ञान 'ज्ञेय' (Object) तक सीमित रहता है। श्रुति की प्रामाणिकता को समझने के लिए उस 'चेतना-विज्ञान' को स्वीकारना अनिवार्य है, जो आधुनिक तर्क से परे 'अनुभूति' में सिद्ध होता है।

अनुभव और आत्म-साक्षात्कारः परम प्रमाण

विवेकानंद और रामानुजाचार्य जैसे आचार्यों ने प्रतिपादित किया कि श्रुति का अंतिम प्रमाण 'आत्मानुभूति' है। जब तक श्रुति-वाक्य साधक के निजी अनुभव में परिणत नहीं होते, तब तक वे मात्र 'परोक्ष ज्ञान' हैं। उपनिषद् कहते हैं– 'नायमात्मा प्रवचनेन लभ्यो न मेधया न बहुना श्रुतेन'। अर्थात् केवल प्रवचन या मेधा से आत्मा की प्राप्ति नहीं होती, बल्कि उसे 'अनुभव' करना पड़ता है।

श्रुति ज्ञान का लक्ष्य मनुष्य को मात्र 'शिक्षित' करना नहीं, अपितु उसे 'दीक्षित' कर आत्म-बोध प्रदान करना है। यह ज्ञान 'परमात्मा-दर्शन' की वह विधा है जो गुरु-शिष्य परंपरा की

निष्ठा और सघन साधना से फलवती होती है।

श्रुति शाश्वत चेतना का प्रकाश

श्रुति की आध्यात्मिक प्रामाणिकता भारतीय ज्ञान-परंपरा की वह अनन्य विशिष्टता है जो ज्ञान को 'वस्तु' (Object) से उठाकर 'बोध' (Awareness) के स्तर पर प्रतिष्ठित करती है। ऋषियों की अंतर्दृष्टि, अपौरुषेयता का गौरव, और मौखिक परंपरा का अनुशासन–ये सभी मिलकर श्रुति को एक अभेद्य प्रकाश-स्तम्भ बनाते हैं।

आज के तकनीकी युग में भी श्रुति की प्रामाणिकता अक्षुण्ण है क्योंकि यह मानवीय अस्तित्व के उन गहन प्रश्नों का समाधान प्रदान करती है जहाँ विज्ञान मौन हो जाता है। यह ज्ञान मन की शांति, आत्म-साक्षात्कार और लोकमंगल का वह मार्ग है जो सहस्रों वर्षों से मानवता को आलोकित कर रहा है। अंततः श्रुति मात्र प्राचीन ग्रंथ नहीं, अपितु वह जीवंत चेतना है जो हमें हमारे वास्तविक स्वरूप–'अमृतस्य पुत्राः'–की स्मृति दिलाती रहती है।

श्रुति, सूत्र एवं उपनिषद्: प्रज्ञा के सूक्ष्म बिंदु

भारतीय ज्ञान-परंपरा में 'श्रुति' उस अक्षय और अपरिमेय ज्ञान-राशि का नाम है, जिसका उद्गम ऋषियों के अंतःकरण में साक्षात्कृत अपौरुषेय संवित् से हुआ है। इसके अंतर्गत समाहित वेद-संहिताएँ, ब्राह्मण, आरण्यक और उपनिषद् ज्ञान के क्रमिक विकास के सोपान हैं। इस विराट् प्रज्ञा-सागर में 'सूत्र' और 'उपनिषद्' विशेष महत्त्व के अधिकारी हैं। ये न केवल वैदिक ज्ञान के सारतत्त्व को संक्षिप्त रूप में संजोते हैं, अपितु वेदों की गूढ़तम शिक्षाओं को तर्कसंगत मीमांसा और चिन्तन-मूलक विमर्श के रूप में रूपांतरित करते हैं। सूत्र और उपनिषद् श्रुति के भीतर वे अद्वितीय प्रज्ञा-रूप हैं, जो भारतीय दर्शन और आध्यात्मिकता के मौलिक स्वरूप को निरूपित करते हैं। इनके माध्यम से वैदिक प्रज्ञा केवल कर्मकाण्ड या याज्ञिक विधि तक

सीमित नहीं रहती, अपितु वह आध्यात्मिक अपरोक्षानुभूति, अद्वैत अनुभव और मोक्ष–मार्ग की गहन परिकल्पना बन जाती है।

सूत्रों का स्वरूप अत्यंत संक्षिप्त, सूत्रबद्ध और प्रणालीबद्ध (Systematic) होता है। 'सूत्र' शब्द का तात्त्विक अर्थ है वह तन्तु जो विविधतापूर्ण तत्वों को स्थिरता, संगति और लाक्षणिक संक्षिप्तता प्रदान करता है। दूसरी ओर, उपनिषद् वेदों के 'अन्त' (वेदान्त) और उनके परम–तात्पर्य की व्याख्याएँ हैं, जो ब्रह्म–विद्या, आत्म–ज्ञान और कैवल्य–मार्ग की सूक्ष्म मीमांसा करती हैं।

सूत्र : संक्षिप्तता में अनन्त का संधान

सूत्र–शैली भारतीय ज्ञान–परंपरा का एक अद्वितीय और क्रांतिकारी नवाचार है। वेदों के असीमित ज्ञान–विस्तार और जटिल कर्मकाण्डों को 'सूत्र' रूप में संहिताबद्ध किया गया ताकि ज्ञान का संरक्षण, स्मरण और विनियोग सुगम हो सके। सूत्रों की भाषा अत्यंत मित–अक्षरा, परिशुद्ध और लाक्षणिक होती है। शास्त्रों में सूत्र के छह लक्षण बताए गए हैं: अल्पाक्षरत्व (संक्षिप्तता), असंदिग्धत्व (स्पष्टता), सारवत्त्व (सारगर्भिता), विश्वतोमुखत्व (बहुआयामी व्याप्ति), अस्तोभत्व (व्यर्थता का अभाव) और अनवद्यत्व (निर्दोषता)।

संक्षिप्त उद्घोषः सूत्र वह 'वाक्य–पिण्ड' है जो एक वृहद् सिद्धांत को न्यूनतम शब्दों में केंद्रित कर देता है। यथा– 'अथातो ब्रह्मजिज्ञासा' (ब्रह्मसूत्र), जिसमें ब्रह्म के अन्वेषण का सम्पूर्ण आधार निहित है।

संकेतात्मक एवं तकनीकी भाषाः सूत्र सामान्य संवाद की भाषा न होकर एक तकनीकी 'कोड' (Code) के समान होते हैं। इनमें व्याख्या हेतु टीका, भाष्य और वार्तिक अनिवार्य हो जाते हैं, जो प्रसंग और अर्थ का विस्तार करते हैं।

स्मृति–अनुकूल विन्यासः सूत्रों की रचना उस युग में हुई

जब ज्ञान वाचिक परंपरा पर आश्रित था, अतः इनका संक्षिप्त होना अनिवार्य था ताकि ये प्रज्ञा के 'बीज' के रूप में मस्तिष्क में सुरक्षित रह सकें।

प्रमुख सूत्रः

कल्पसूत्रः इसमें श्रौतसूत्र, गृह्यसूत्र और धर्मसूत्र आते हैं, जो सामाजिक और धार्मिक नियमों का अनुशासन करते हैं।

दर्शनसूत्रः षड्दर्शनों के मूल ग्रंथ सूत्र रूप में हैं, यथा–बादरायण का ब्रह्मसूत्र, जैमिनि का मीमांसासूत्र, और महर्षि गौतम का न्यायसूत्र आदि।

व्याकरणसूत्रः पाणिनीय अष्टाध्यायी सूत्र-शैली का सर्वोत्कृष्ट उदाहरण है, जिसने भाषा को वैज्ञानिक स्थिरता प्रदान की।

उपनिषद् : प्रज्ञा का शिखर

उपनिषदों को 'वेदान्त' कहा जाता है, जिसका अर्थ है वेदों का अंतिम लक्ष्य अथवा चरमोत्कर्ष। जहाँ संहिताओं में कर्म की प्रधानता है, वहीं उपनिषद् ज्ञान के पराकाष्ठा हैं।' उपनिषद्'– अर्थात् 'उप' (गुरु के सामीप्य में) + 'नि' (निष्ठापूर्वक) + 'सद्' (बैठकर अज्ञान का नाश करना)। यह वह स्थान है जहाँ गुरु-शिष्य परंपरा के माध्यम से ज्ञान केवल संज्ञानात्मक नहीं रह जाता, अपितु 'अनुभूतिपरक' और 'अपरोक्ष' बन जाता है। यहाँ ज्ञान का अर्थ 'जानना' नहीं, अपितु 'हो जाना' है– 'ब्रह्मविद् ब्रह्मैव भवति'।

उपनिषदों की दार्शनिक महत्ताः

महावाक्यों का अधिष्ठानः उपनिषदों ने 'तत्त्वमसि' (वह तुम हो), 'अहं ब्रह्मास्मि' (मैं ब्रह्म हूँ) और 'प्रज्ञानं ब्रह्म' जैसे महावाक्य प्रदान किए, जो आत्मा और परमात्मा के अद्वैत की घोषणा करते हैं।

अमूर्त चिन्तनः ये ग्रन्थ कर्मकाण्ड की स्थूलता से ऊपर उठकर आत्मा की अविनाशीता, माया के आवरण, अविद्या के उच्छेद और मोक्ष के स्वरूप पर गहन चिन्तन प्रस्तुत करते हैं।

संवादात्मक शैली: उपनिषद् बहुधा संवादों के माध्यम से सत्य को उद्घाटित करते हैं, यथा–कठोपनिषद् में यम–नचिकेता संवाद, बृहदारण्यक में याज्ञवल्क्य–मैत्रेयी संवाद। यह शैली जिज्ञासा और तर्क को प्रोत्साहित करती है।

सूत्र और उपनिषद् : विधि से बोध तक

सूत्र और उपनिषद् श्रुति के दो भिन्न ध्रुव होते हुए भी एक ही प्रज्ञा–चक्र के अंग हैं। सूत्र–शैली ज्ञान का 'अनुशासन' (Discipline) है, जबकि उपनिषद् ज्ञान का 'साक्षात्कार' (Realization) है।

- सूत्रों ने ज्ञान को व्यवस्थित और सुलभ बनाया, जिससे कर्म और नियम की धारा अक्षुण्ण रही।
- उपनिषदों ने उसी ज्ञान को ऊर्ध्वगामी बनाया, जिससे साधक ब्रह्म–बोध की ओर अग्रसर हुआ।

वेदों की संहिताएँ कर्म–परक थीं, किन्तु उपनिषदों में आकर वह यज्ञ 'आन्तरिक यज्ञ' (मन और प्राण का हवन) बन गया। इससे श्रुति की संकल्पना एक धार्मिक संकलन से उन्नत होकर एक सार्वभौमिक 'चित्–विज्ञान' में रूपांतरित हो गई।

दार्शनिक एवं सामाजिक प्रभाव

सूत्रों ने भारतीय शास्त्र–परंपरा में 'टीका–परंपरा' (Commentary tradition) को जन्म दिया। चूँकि सूत्र स्वयं में संक्षिप्त थे, अत: उन पर शंकराचार्य, रामानुजाचार्य और मध्वाचार्य जैसे आचार्यों ने भाष्य लिखे, जिससे वैचारिक विमर्श और दार्शनिक बहुलता का मार्ग प्रशस्त हुआ।

उपनिषदों ने 'ब्रह्म' की अवधारणा को केवल दार्शनिक विषय नहीं रहने दिया, अपितु उसे जीवन का परम लक्ष्य बनाया। इसने भारतीय जीवन–दृष्टि में 'एकात्म' का भाव जाग्रत किया, जिसने 'वसुधैव कुटुम्बकम्' के वैश्विक दर्शन को पुष्ट किया। आधुनिक मनोविज्ञान और सत्ताविज्ञान के सन्दर्भ में भी उपनिषदों का चेतना–विज्ञान अत्यंत प्रासंगिक है।

अन्ततः श्रुति के सूत्र और उपनिषद् भारतीय ज्ञान-परंपरा के वे स्तम्भ हैं, जिनके बिना भारतीय प्रज्ञा का प्रासाद अधूरा है। सूत्र जहाँ 'स्मृति-केन्द्रित' संक्षिप्तता के माध्यम से नियमों का रक्षण करते हैं, वहीं उपनिषद् 'अनुभूति-केन्द्रित' गहनता के माध्यम से अज्ञान के तिमिर का नाश करते हैं।

सूत्रों ने हमें 'आचरण' सिखाया और उपनिषदों ने हमें 'अस्तित्व' का बोध कराया। यह द्वैत ही भारतीय संस्कृति की गहराई और बहुमुखिता का आधार है। आज के तकनीकी युग में, जहाँ सूचनाओं का अंबार है, सूत्रों की संक्षिप्तता हमें 'सार्थक संक्षेपण' सिखाती है और उपनिषदों का अध्यात्म हमें 'मानसिक शांति' और 'आत्म-साक्षात्कार' की ओर प्रेरित करता है। यह ज्ञान-परंपरा आज भी मानवता के लिए एक प्रभावशाली प्रकाश-स्तम्भ है, जो हमें 'अंधकार से ज्योति' की ओर ले जाने का सामर्थ्य रखती है।

अध्याय 5

ऋषि: प्रज्ञा के द्रष्टा और अपौरुषेय संवित् के संवाहक

भारतीय ज्ञान-परंपरा के मूल अधिष्ठान में 'ऋषि' शब्द केवल एक संज्ञा नहीं, अपितु एक 'चेतना-अवस्था' का परिचायक है। ऋषि वे प्रबुद्ध पुरुष हैं, जिन्होंने वेदों और उपनिषदों के अनादि ज्ञान का न केवल संरक्षण किया, अपितु उस दिव्य प्रज्ञा का साक्षात्कार भी किया जिसके माध्यम से इस जगत् में ज्ञान का प्रादुर्भाव हुआ। ऋषित्व के स्वरूप को समझने हेतु उनके आध्यात्मिक व्यक्तित्व, आचरणगत शुचिता और उस विराट् चित्-आकाश (Conscious Space) को जानना अनिवार्य है, जिसमें उन्होंने ज्ञान को 'देखा' (अनुभूत किया) और उसे 'श्रुति' के रूप में सुरक्षित रखा।

व्युत्पत्तिपरक अर्थ में ऋषि का अर्थ है– 'ऋषयो मन्त्रद्रष्टार:'। ऋषि वह है जिसने गहन निदिध्यासन, समाधि और अपरोक्षानुभूति के द्वारा ब्रह्म-विद्या, ऋत-सत्य और प्रकृति की रहस्यमयी गत्यात्मकता को अनावृत किया। वे 'लेखक' की आधुनिक संकुचित संकल्पना से सर्वथा परे हैं। भारतीय अन्वीक्षिकी के अनुसार, ऋषि एक ऐसा पवित्र माध्यम (Medium) है, जिसकी चेतना निर्विकार होकर उस अनंत ज्ञान-स्रोत से तादात्म्य स्थापित कर लेती है। अत: उनका स्थान 'रचनाकार' (Creator) का नहीं, अपितु 'साक्षात्कारकर्ता' (Witness) का है।

गोत्र परंपरा और ज्ञान का वंशानुगत निक्षेप

ऋषियों की वंशावली और गोत्र परंपरा उन्हें मात्र सामाजिक

पहचान नहीं देती, अपितु यह एक 'ज्ञान-निक्षेप' (Knowledge Deposit) का वाहक है। ऋषि-परिवारों को 'गोत्र' के रूप में चिन्हित किया गया, जो उनके आध्यात्मिक मूल और ज्ञान-वंश को प्रदर्शित करता है। अंगिरस, वशिष्ठ, विश्वामित्र, जमदग्नि और कश्यप जैसे सप्त ऋषियों के गोत्रों के पास अपनी विशिष्ट मन्त्रात्मक शैलियाँ, यज्ञीय विधियाँ और दार्शनिक प्रवृत्तियाँ सुरक्षित रहीं।

यह परंपरा विश्व की प्राचीनतम निरंतर ज्ञान-संचरण प्रणाली है। यहाँ ऋषि शब्द का प्रयोग केवल व्यष्टि (Individual) के लिए नहीं, बल्कि उस 'ऋषि-कुल' के लिए है, जो ज्ञान का संवेदी, संवाहक और संरक्षक है। ऋषियों का निवास पर्वतीय कन्दराओं, तटवर्ती आश्रमों और शान्त तपोवनों में होता था, जहाँ वे ब्रह्माण्ड की सूक्ष्म ऊर्जाओं का बोध करते थे। ये आश्रम मात्र भौतिक निवास नहीं, अपितु आध्यात्मिक प्रयोगशालाएँ थीं, जहाँ वाणी 'मन्त्र' बनती थी और क्रिया 'यज्ञ' में रूपांतरित होती थी।

श्रुति और साक्षात्कारः द्रष्टा का प्रबोध

ऋषि जिस स्थिति में दिव्य ध्वनियों का श्रवण करते हैं, उसे 'श्रुति' कहा गया है। श्रुति का तात्त्विक अर्थ है वह 'अनहद' शब्द जो मानवीय इंद्रियों की सामान्य क्षमता से परे है। ऋषि की भूमिका उस 'आकाशीय स्रोत' से प्राप्त संदेश का वेधक (Receiver) बनना है। यह सूक्ष्म भेद भारतीय संस्कृति का प्राण है– ज्ञान 'बनाया' नहीं जाता, ज्ञान 'देखा' जाता है।

ऋषि की आध्यात्मिक प्रगति का मूलाधार 'तपस्' है। तप का अर्थ यहाँ केवल काय-क्लेश नहीं, अपितु मानसिक एकाग्रता, इंद्रिय-संयम और सत्य के प्रति अनन्य निष्ठा है। ऋषियों ने आचार-शुद्धि और प्रकृति के साथ पूर्ण सामंजस्य की पराकाष्ठा को प्राप्त किया था। इसी तपस्या के फलस्वरूप उनकी बुद्धि 'ऋतम्भरा प्रज्ञा' में रूपांतरित हो जाती थी, जो केवल 'सत्य'

को ही ग्रहण करती है।

आश्रम व्यवस्था और लोक-कल्याण

ऋषि आश्रम केवल वैराग्य के केंद्र नहीं थे, अपितु वे सामाजिक और नीतिगत व्यवस्था के नियामक स्तंभ थे। ऋषि न केवल आध्यात्मिक प्रबोधक थे, बल्कि वे समाज हेतु धर्म-निर्देशक, नीति-निर्माता और विद्या-दाता भी थे। आश्रमों का परिवेश सात्त्विक ऊर्जा से ओतप्रोत होता था, जहाँ वाणी और क्रिया पूरी तरह 'ब्रह्मार्पण' (Divinity-centered) होती थी।

व्यास, वशिष्ठ और वाल्मीकि जैसे ऋषियों के आश्रम सांस्कृतिक भूगोल के केंद्र थे। यहाँ ऋषि का व्यक्तिगत अनुभव 'लोकमंगल' से जुड़ा रहता था। वे ब्रह्माण्ड के शाश्वत नियमों (नित्य धर्म) के अनुरूप समाज का मार्गदर्शन करते थे। उनके निर्णय तार्किक विवेक और 'अपरोक्ष-ज्ञान' से अनुप्राणित होते थे, इसी कारण वे राजाओं और प्रजा-दोनों के लिए परम पूज्य थे।

ज्ञान का संरक्षण और वैज्ञानिक चेतना

ऋषि परंपरा का एक विशेष आयाम 'स्मृति-शक्ति' द्वारा ज्ञान का संरक्षण है। चूँकि ऋषि लेखक नहीं थे, उन्होंने लिपि पर आश्रित रहने के स्थान पर 'वाचिक परंपरा' को विकसित किया। मंत्रों के स्वर, लय और ताल का ऐसा गणितीय विन्यास तैयार किया गया कि सहस्रों वर्षों तक एक मात्रा का भी विक्षेप नहीं हुआ।

अद्भुत तथ्य यह है कि ऋषियों का चिंतन केवल परा-विद्या (Metaphysics) तक सीमित नहीं था। वे अपरा-विद्या (Physical Sciences) के भी मूल अन्वेषक थे। आयुर्वेद (चिकित्सा), ज्योतिष (खगोल), गणित और भाषा-विज्ञान (व्याकरण) के मूल सिद्धांतों में ऋषि-चिंतन की वैज्ञानिकता स्पष्टतः दृष्टिगोचर होती है। यह सिद्ध करता है कि ऋषि दर्शन समग्र जीवन-दृष्टि थी, जो अध्यात्म और विज्ञान के मध्य कोई कृत्रिम विभाजन नहीं मानती थी।

'साक्षात्कार यत्न': एक मनोवैज्ञानिक प्रविधि

ऋषि परंपरा में 'साक्षात्कार यत्न' की भूमिका केंद्रीय है। यह यत्न एक प्रकार का सघन मनोवैज्ञानिक साधन है, जिसमें ऋषि अपनी सम्पूर्ण चेतना को 'व्यष्टि' (Individual) से हटाकर 'समष्टि' (Universal) की ओर केन्द्रित करते हैं। जब मन पूर्णतः शान्त और वासना-रहित हो जाता है, तब उसे 'आकाश' से मन्त्रों का दर्शन होता है। इसीलिए वेदों के मन्त्रों को 'अपौरुषेय' कहा गया है-अर्थात् वे किसी पुरुष (मानव) की बुद्धि की उपज नहीं हैं, अपितु वे अनादि और नित्य सत्य हैं।

ऋषि की प्रतिष्ठा भारतीय संस्कृति में 'ग्रन्थकर्ता' से उच्चतर है, क्योंकि वे सत्य के साक्षात् साक्षी (Eyewitnesses) हैं। उनके मुख से निसृत वाणी दिव्य है क्योंकि वह अहंकार से शून्य और ब्रह्मभाव से पूर्ण है।

शाश्वत चेतना का प्रवाह

आधुनिक काल में, जहाँ ज्ञान केवल 'सूचना' (Information) बनकर रह गया है, ऋषि परंपरा हमें ज्ञान के 'अनुभूति' (Realization) वाले पक्ष की ओर लौटने का आह्वान करती है। ऋषि केवल अतीत के गौरव नहीं हैं, अपितु वे जीवन के समस्त पक्षों को संजीवित करने वाली एक अनुशासित और व्यापक दृष्टि के प्रदाता हैं।

ऋषि परंपरा का यह स्वरूप भारतीय साहित्य और दर्शन को उसकी विशिष्टता और गौरव प्रदान करता है। यह केवल भौतिक लेखन का संचय नहीं, अपितु एक जीवंत चेतनाधारा है, जिसका मूल सूत्र 'ऋषित्व' में सन्निहित है। ऋषि वे आध्यात्मिक केंद्र हैं, जिनकी दृष्टि से प्रवाहित होने वाली ज्ञान-मन्दाकिनी आज भी मानवता को तृप्त कर रही है।

द्रष्टा और रचयिता: साक्षात्कार बनाम सृजन

भारतीय ज्ञान-परंपरा के अधिष्ठान में 'ऋषि' की भूमिका केवल एक ग्रंथकार अथवा रचयिता तक सीमित नहीं है। वे मात्र

वाङ्मय के प्रणेता नहीं माने जाते, अपितु उन्हें 'द्रष्टा' कहा जाता है–वह अगाध अनुभूति और अपरोक्षानुभूति जिसके द्वारा वे ब्रह्मांडीय ऋत–सत्य को साक्षात् रूप में देखते और अनुभूत करते हैं। इस परिप्रेक्ष्य में ऋषि (द्रष्टा) और रचयिता (Author) के मध्य एक सूक्ष्म परंतु निर्णायक तात्विक अंतर विद्यमान है, जो भारतीय ज्ञान–संस्कृति के मौलिक अधिष्ठान को प्रकाशित करता है।

रचनाकार का स्वरूप: बौद्धिक सृजन और रचनात्मक अहंकार

लेखक का सामान्य शास्त्रीय अर्थ है वह व्यष्टि जो अपनी कल्पना (Imagination), वैयक्तिक अनुभव या बौद्धिक ऊहापोह के आधार पर किसी विषय का संकलन, सृजन अथवा विनिर्माण करता है।

रचनात्मक प्रक्रिया: लेखक का कर्म निर्मित वस्तु के लिए रूपरेखा प्रस्तुत करना और अपनी भावनाओं एवं दृष्टिकोण को उसमें आरोपित करना है। लेखक की कृति 'पौरुषेय' (मानव–निर्मित) होती है; इसमें उसकी रुचि, मानसिकता और काल–सापेक्ष परिधि का निर्णायक प्रभाव होता है।

अधिकार और स्वायत्ता: रचनाकार एक सृजक के रूप में स्वयं को प्रतिष्ठित करता है। ग्रंथ की सीमा उसके व्यक्तित्व और रचनात्मक सामर्थ्य द्वारा निर्धारित होती है। यहाँ ज्ञान एक 'उत्पाद' (Product) है जिसका श्रेय रचयिता को प्राप्त होता है।

ऋषि का द्रष्टृत्व: अपौरुषेय संवित् और साक्षात्कृत धर्म

ऋषि के संदर्भ में 'लेखकत्व' की संकल्पना सर्वथा अग्राह्य है। ऋषि 'द्रष्टा' है, जिसका अर्थ है– 'ऋषयो मन्त्रद्रष्टार:'। वे साक्षात्कार के माध्यम से ज्ञान को प्रत्यक्ष रूप में अवलोकित करते हैं।

अनादि ज्ञान का ग्रहणकर्ता के ऋषि की दृष्टि ऐतिहासिक रचना नहीं, अपितु अनादि और सार्वकालिक सत्य का उन्मेष है।

वे किसी नवीन सत्य का आविष्कार नहीं करते, अपितु पूर्व-विद्यमान 'अपौरुषेय' ज्ञान को अपनी प्रज्ञा में प्रतिबिंबित करते हैं।

निर्वैयक्तिक संवेदन से युक्त ऋषि की दृष्टि निजी इच्छाशक्ति या कलात्मक लिप्सा से मुक्त होती है। मन्त्रों का प्रकटीकरण उनकी वैयक्तिक अभिव्यक्ति नहीं, अपितु दिव्य 'संवित' का स्फुरण है। इसीलिए ऋषि को 'रचनाकार' की भाँति ज्ञान का स्वामी नहीं, अपितु उसका संवाहक माना जाता है।

भारतीय ज्ञान मीमांसा (Epistemology) में यह पार्थक्य

भारतीय दर्शन में ऋषि को केवल दार्शनिक विचारक के रूप में नहीं देखा गया। वे एक 'साक्षी' (Witness) हैं जो सत्य का दर्शन करते हैं।

श्रुति बनाम कृतिः जहाँ लेखक की रचना 'कृति' कहलाती है, वहीं ऋषि के ज्ञान को 'श्रुति' कहा जाता है–अर्थात् जो साक्षात् सुना या अनुभूत किया गया। शंकराचार्य ने अपने भाष्यों में स्पष्ट किया है कि वेद मनुष्य की कल्पना के परिणाम नहीं हैं, अपितु वे ऋषियों द्वारा समाधि की अवस्था में साक्षात्कृत सत्य हैं।

साधना का अधिष्ठानः ऋषि की दृष्टि का आधार सूक्ष्म ध्यान और 'ऋतम्भरा प्रज्ञा' है। यह ज्ञान व्यक्तिगत अंतर्दृष्टि (Personal insight) नहीं, बल्कि एक सार्वभौमिक अनुभूति (Universal realization) है, जो देश-काल की सीमाओं का अतिक्रमण करती है।

रचनापरक अधिकार बनाम विनम्र उत्तरदायित्व

रचयिता में एक प्रकार का 'अधिकार-बोध' (Sense of Ownership) सन्निहित होता है, जहाँ लेखक अपनी रचना पर स्वत्वाधिकार (Copyright/Authority) का दावा करता है। उसकी महत्ता उसकी 'मौलिकता' (Originality) में निहित मानी जाती है।

इसके विपरीत, ऋषि में अपार विनम्रता और 'अद्वैत' की भावना होती है। वे ज्ञान पर अपना मालिकाना हक़ नहीं जताते, क्योंकि वे स्वयं को मात्र एक 'निमित्त' मानते हैं। उनके लिए ज्ञान का प्रसार एक पवित्र 'ऋषि-ऋण' से मुक्ति का मार्ग है। ऋषि की भूमिका एक पारदर्शी दर्पण के समान होती है, जो 'सत्य' की छवि को बिना किसी विक्षेप के समाज तक पहुँचाता है।

आधुनिक परिप्रेक्ष्य और वैज्ञानिक अन्वेषण

आधुनिक ज्ञान-शास्त्र में लेखक एक 'प्रोडक्ट' का उत्तरदायी होता है, जिसका ज्ञान संकलित और संशोधित मान्यताओं का सम्मिश्रण है। आधुनिक 'रिसर्चर' (Researcher) सत्य की खोज करता है, किंतु ऋषि उस सत्य का 'साक्षात्कार' करता है। आधुनिक लेखक 'अज्ञात' को 'ज्ञात' बनाने का प्रयास करता है, जबकि ऋषि 'अतीन्द्रिय' को 'अनुभवगम्य' बनाता है।

भारतीय परंपरा में ज्ञान की प्राप्ति एक 'आत्मामर्पण' की प्रक्रिया है, न कि बौद्धिक विजय की। जो सत्य चिरंतन है, वह ऋषि की प्रज्ञा में पुनः उद्घाटित होता है। अतः उनका अभिव्यक्ति वैचारिक ठहराव नहीं, अपितु एक अनादि प्रवाह है।

सेतु के रूप में ऋषि

'ऋषि = लेखक' के संकुचित समीकरण से ऊपर उठकर हमें यह समझना चाहिए कि ऋषि की भूमिका एक 'सेतु' की है, जो अनादि ज्ञान और वर्तमान मानवता के मध्य एक जीवंत कड़ी का कार्य करती है। यह सेतु कल्पना का नहीं, बल्कि प्रत्यक्ष दर्शनीयता का आधार है।

ऋषि और रचयिता के बीच का यह अंतर भारत की ज्ञान-संस्कृति का वह मेरुदण्ड है जिस पर समस्त वैदिक और उपनिषदीय वाङ्मय टिका है। लेखक की रचना 'कल्पना-प्रधान' होती है, जबकि ऋषि की दृष्टि 'साक्षात्कार-प्रधान'। यही कारण है कि भारतीय प्रज्ञा में ऋषि का स्थान लेखक से

श्रेष्ठ, श्रद्धेय और पवित्र माना गया है, क्योंकि उनकी दृष्टि स्वयं एक दिव्य प्रकाश है, जो काल, स्थान और मानवीय अहंकार से परे है।

'ऋषि' की प्रासंगिकता: प्रज्ञा, चेतना एवं नैतिक नेतृत्व का पुनरुत्थान

ऋषि–अतीत के प्रतीक नहीं, भविष्य के प्रबोधक

भारतीय ज्ञान–मीमांसा में 'ऋषि' शब्द मात्र एक ऐतिहासिक पदवी या तपस्वी का सूचक नहीं है, अपितु यह 'द्रष्टृत्व' (Visionary insight) की पराकाष्ठा है। ऋषि वह है जो 'सत्य' को केवल तर्क से नहीं, अपितु 'अपरोक्षानुभूति' (Direct experience) से ग्रहण करता है। आज के तकनीकी और सूचना–प्रधान युग में, जहाँ ज्ञान का स्वरूप विखंडित और केवल प्रयोगमूलक (Empirical) रह गया है, ऋषि की अवधारणा का 'पुनर्पाठ' (Re-reading) अनिवार्य हो जाता है। ऋषि की प्रासंगिकता आज सूचना को 'बोध' में और शोध को 'कल्याण' में रूपांतरित करने की उसकी अद्भुत सामर्थ्य में निहित है।

ज्ञान-संश्लेषण और समग्र दृष्टि (Holistic Knowledge Synthesis)

वर्तमान ज्ञान–संस्कृति 'सूचना की प्रचुरता' (Information overload) से ग्रस्त है, किंतु 'सार्थक अर्थ' से रिक्त है। ऋषि की दृष्टि हमें उस 'समग्रता' (Wholeness) का स्मरण कराती है, जहाँ ज्ञान केवल तथ्यों का संचयन नहीं, बल्कि जीवन की एक जीवंत प्रक्रिया है।

तथ्य से तत्त्व की ओर: आधुनिक शोध प्राय: लक्ष्य–केंद्रित और यांत्रिक (Mechanical) होते जा रहे हैं। ऋषि–दृष्टि एक चेतावनी है कि ज्ञान जब तक 'नैतिक पक्षों' और 'आध्यात्मिक परिणामों' से नहीं जुड़ता, वह केवल विनाशकारी तकनीकी विस्तार बनकर रह जाता है।

संश्लेषणात्मक प्रज्ञा: ऋषि ज्ञान को 'विभाजित' नहीं,

बल्कि 'संश्लेषित' (Synthesized) करते हैं। वे विज्ञानी होने के साथ-साथ दार्शनिक भी हैं, जो अणु की शक्ति के साथ-साथ आत्मा की शांति की भी चिंता करते हैं।

ध्यानात्मक प्रज्ञा एवं अंतर्दृष्टि (Meditative Insight and Intuition)

ऋषि का दूसरा प्रमुख आयाम है-'अंतर्यात्रा'। आज का मनोविज्ञान और मस्तिष्क-विज्ञान (Neuroscience) ध्यान और योग के लाभों को स्वीकार कर रहा है, किंतु ऋषि-परंपरा इससे कहीं आगे की बात करती है।

अनुभव-आधारित सत्य: ऋषि ने स्वयं के भीतर जो सूक्ष्म विश्लेषण और आत्म-अवलोकन किया, वह केवल मानसिक विश्राम नहीं था, बल्कि ज्ञान की नवीन श्रेणियों का अन्वेषण था।

चेतना का परिष्कार: बाह्य विकर्षणों के इस युग में ऋषि की 'अविचलता' और 'चित्त-शुद्धि' का आदर्श ही मनुष्य को उसकी पूर्ण जागरूकता (Self-awareness) की ओर ले जा सकता है। यह वैज्ञानिक स्वीकारोक्ति का समय है कि ज्ञान केवल बाह्य तथ्यों से नहीं, अपितु 'भावनात्मक और मनोवैज्ञानिक समन्वय' से पूर्ण होता है।

नैतिक नेतृत्व एवं सामाजिक उत्तरदायित्व (Ethical Leadership)

वैश्विक नेतृत्व आज पर्यावरण-संकट, मानवीय असमानता और नैतिक पतन जैसे द्वंद्वों से जूझ रहा है। यहाँ ऋषि का 'आदि-नेतृत्व' एक निर्णायक मार्ग प्रस्तुत करता है।

सेवा और कर्तव्य का नेतृत्व: ऋषि के लिए ज्ञान व्यक्तिगत 'अधिकार' नहीं, अपितु 'लोक-संग्रह' (Public welfare) का माध्यम था। उनका नेतृत्व 'प्रशासन' पर नहीं, अपितु 'अनुशासन' और 'सहानुभूति' पर आधारित था।

बौद्धिक सहिष्णुता: ऋषि परंपरा में 'बहुलता' (Plurality) और 'विवेकपूर्ण संवाद' (Dialectics) का सदैव सम्मान रहा है। वे जानते थे कि उज्ज्वल सामाजिक व्यवस्था तभी सम्भव है जब विभिन्न मतों को 'समन्वय' के सूत्र में पिरोया जाए।

वैश्विक ज्ञान-समाज में 'ऋषि' की भूमिका

आज जब ज्ञान का वैश्वीकरण आर्थिक और राजनीतिक हितों के अधीन हो रहा है, तब ऋषि का आदर्श ज्ञान को 'सहज, आत्मीय और व्यापक' लक्ष्यों से जोड़ता है।

नूतन ज्ञान-संवेदनशीलता (New Epistemic Sensibility) : आधुनिक ज्ञान जहाँ केवल वस्तुनिष्ठता (Objectivity) पर बल देता है, वहीं ऋषि की दृष्टि 'विषयपरकता' (Subjectivity) और 'अनुभव' को भी समान महत्त्व देती है।

पर्यावरणीय संचेतना: पर्यावरणीय संकट का समाधान केवल वैज्ञानिक आँकड़ों में नहीं, बल्कि प्रकृति के प्रति उस 'आध्यात्मिक संवेदना' में है, जो ऋषियों के 'पृथ्वी-सूक्त' में प्रतिबिम्बित होती है।

समकालीन साधना और अस्तित्वगत प्रश्न

मानसिक तनाव और अस्तित्वगत संकट (Existential Crisis) के इस काल में ऋषि की 'साधना-परंपरा' एक अनिवार्य औषधि है। ऋषि केवल पथ-प्रदर्शक नहीं, बल्कि वे 'साक्षात्कार' के प्रयोक्ता थे।

आध्यात्मिक जागरूकता: आधुनिक चिकित्साविज्ञान अब 'स्पिरिचुअल इंटेलिजेंस' (SQ) की बात कर रहा है, जो ऋषि-परंपरा का ही आधुनिक विस्तार है। मन और चेतना के विभिन्न स्तरों की खोज ही आज के खंडित मानव को 'पूर्णता' प्रदान कर सकती है।

'बोध' की ओर एक महती यात्रा

ऋषि की प्रासंगिकता केवल प्राचीनता के गौरव-गान तक सीमित नहीं है, बल्कि यह एक 'व्यवहारिक पुनर्निर्माण' है।

ऋषि का पुनर्पाठ हमें यह सिखाता है कि हम मात्र 'जानने' (Knowing) से आगे बढ़कर 'बोध करने' (Being) का मार्ग अपनाएँ।

ज्ञान जब 'सूचना' के स्तर से उठकर 'ऋषि-दृष्टि' बनता है, तभी वह मानवता के लिए 'प्रकाश-स्तम्भ' सिद्ध होता है। ऋषि का आदर्श मानव-चेतना के उस विस्तार को उजागर करता है जो आज भी उतना ही नवीन और अपरिहार्य है जितना वह वेदों के काल में था। अतः ऋषि-परंपरा आधुनिक वैश्विक ज्ञान-परिसर में नवीन शिक्षा, साधना और नैतिक नेतृत्व की चेतना का 'अक्षय स्त्रोत' है।

ऋषि परंपराः शाश्वत प्रज्ञा का संचरण एवं आधुनिक अनुभव का आलोक

भारतीय ज्ञान-परंपरा में 'ऋषि' केवल एक शब्द नहीं, अपितु चेतना का वह उच्चतम शिखर है जहाँ ज्ञान 'अधिग्रहित' (Acquired) नहीं, बल्कि 'साक्षात्कृत' (Realized) होता है। ऋषि वे वेतनायक थे जिन्होंने दिव्य और अतिनैसर्गिक सत्य को न केवल अनुभव किया, बल्कि उसे पीढ़ी-दर-पीढ़ी संचरित कर सामूहिक चेतना को विस्तार दिया। ऋषि परंपरा का अर्थ केवल सूचनाओं का क्रमिक संग्रह नहीं, अपितु एक ऐसी जीवंत और अंतःस्फूर्त ज्ञानधारा का प्रवाह है, जो स्वयंस्फूर्त अनुभूति से लेकर सामाजिक संस्थाओं के सुदृढ़ विज्ञान तक विस्तृत है।

यह ज्ञान स्थैतिक (Static) नहीं था; यह इतिहास और लौकिकता के बंधनों से ऊपर उठकर एक प्रकार की कालातीत अनुभूति के रूप में गुंथा हुआ था। इस अनुभूति में व्यक्ति मात्र नहीं, बल्कि सम्पूर्ण लोक और ब्रह्माण्ड समाहित होता गया। ऋषि की भूमिका यहाँ केवल एक 'लेखक' की नहीं, बल्कि ज्ञान-वाहक, संरक्षक, पुनरुत्थानकर्ता और उस नवप्रवर्तक की रही है जिसकी अंतर्निहित दृष्टि में इतिहास और आध्यात्मिकता का एक गहरा समन्वय था।

ज्ञान का उत्सः तर्क नहीं, साक्षात्कार

ऋषि परंपरा का मूल भाव आधुनिक शोध की अवधारणा से सर्वथा भिन्न है। आज जहाँ ज्ञान की उत्पत्ति तर्कसंगत शोध (Research) या प्रयोग से होती है, वहीं ऋषि-ज्ञान का जन्म 'अंतर्मुख ध्यान' और त्रिविध साधना-दर्शन (Vision), मनन (Contemplation) और आध्यात्मिक अनुभव-से होता था। इस त्रिवेणी में ऋषि का व्यक्तित्व उस निराले आभास से युक्त था, जहाँ वे सब कुछ देखने वाले 'द्रष्टा' और अतीन्द्रिय सत्य के संवाहक बने। यह संवाहकता पाश्चात्य शोध की विशिष्टताओं से परे थी, क्योंकि इसमें केवल प्रमाण ही नहीं, बल्कि 'अनुभव की प्रामाणिकता' का प्रबल योगदान था।

ऋषि वंशः ज्ञान का आनुवंशिक एवं सांस्कृतिक संचरण

भारतीय शास्त्रीय साहित्य में ऋषि परंपरा के उद्भव को अनेक प्रकार से प्रतिपादित किया गया है। परंपरागत मान्यता के अनुसार, ज्ञान का स्रोत केवल वेदों की सृष्टि तक सीमित नहीं था, बल्कि यह एक विस्तृत आनुवंशिक-सांस्कृतिक धारा के रूप में प्रवाहित हुआ, जिसे 'ऋषि वंश' कहा गया। ऋषि न केवल आत्मीय ज्ञान का भंडारण करते थे, बल्कि उसे सामाजिक रूप में पुनःस्थापित करने और गोत्र अथवा शाखाओं के माध्यम से निरंतर प्रवाहित करने में अग्रणी भूमिका निभाते थे।

यह वंशानुगत संचरण एक जीवंत प्रक्रिया थी जिसके केंद्र में स्मृति, अध्ययन, अनुशासन और वाणी की शुद्धता थी। ऋषियों ने न केवल आध्यात्मिक आत्मज्ञान बाँटा, बल्कि विज्ञान, कला, काव्य, समाजशास्त्र, नीति और धर्म जैसे विभिन्न क्षेत्रों में गहन चिन्तन कर ज्ञान को व्यावहारिक स्वरूप दिया। इसी वैशिष्ट्यपूर्ण प्रेरणा से वेद, उपनिषद्, स्मृति और शास्त्रों की समृद्धि हुई, जो आज भी भारतीय ज्ञान-संस्कृति के अक्षय आधार हैं।

सार्वभौमिक स्पंदन

ऋषि परंपरा की सबसे महत्त्वपूर्ण विशेषता है कि यह भी

व्यक्तिगत मत या संकीर्ण विश्वास की अवधारणा नहीं, बल्कि एक सार्वकालिक और सार्वभौमिक ज्ञान की परंपरा है। हज़ारों वर्ष पूर्व जब मानव सभ्यता का आदि-स्वरूप अखंड था, तब ऋषियों ने संकेत-रूप में सीधे 'ब्रह्म-तत्त्व' के स्पंदन को ग्रहण किया। यह स्पंदन निरंतर प्रवाहित होता रहा-व्यास के महाकाव्यों से लेकर पतंजलि के योग-दर्शन तक और कणाद के वैशेषिक से लेकर चरक-सुश्रुत के आयुर्वेद तक। इस धारा में इतिहास और आध्यात्मिकता इस प्रकार एकाकार हो गए कि इसे केवल भौतिक या तार्किक दृष्टिकोण से समझना सम्भव नहीं है।

गोत्र-शाखा विन्यास और ज्ञान का अनुशासन

ऋषि परंपरा की संरचना में गोत्र और शाखाओं का विशेष महत्त्व है। इनके माध्यम से प्रत्येक क्षेत्र और युग में विद्या की विरासत सुरक्षित रखी गई। ऋग्वेद की संहिताएँ, अथर्ववेद की जटिल विधाएँ या उपनिषदों के सूक्ष्म दर्शन-ये सभी एक निरंतर मौखिक परंपरा के परिणाम थे। इनका संरक्षण जितना ग्रंथों के रूप में शब्दबद्ध था, उससे कहीं अधिक वह श्रवण-श्रुति' और 'मानस स्मृति' के माध्यम से संपन्न होता रहा।

ऋषि परंपरा ने ज्ञान को लिखित ग्रंथों तक सीमित न रखकर भी उसे एक 'सुनहरा अनुशासन' प्रदान किया। किसी भी नवीन ज्ञान के प्रवाह में इस परंपरा ने पुरातन का पूर्ण सम्मान किया और उसका संशोधन इस प्रकार किया कि ज्ञान के निरंतर विस्तार की सुविधा बनी रहे। इसीलिए भारतीय ज्ञान-परंपरा में नवीन औषधियों, दार्शनिक तर्कों और सामाजिक नियमों को समायोजित करने की क्षमता नितांत विशेष रही है।

ऋषियों के दर्शन में आधुनिक अनुभव का अन्वेषण

आज का आधुनिक मानव जब जटिलताओं, तर्कों और सूचना-विस्फोट के भँवर से गुज़र रहा है, तब ऋषि-दर्शन की पुनः प्राप्ति केवल एक सांस्कृतिक गौरव नहीं, बल्कि एक अनिवार्य 'ज्ञान-व्यवस्था' बन जाती है। ऋषि वह द्रष्टा है जिसने

अपनी अंतर्दृष्टि से सृष्टि के उन रहस्यों को उद्घाटित किया जो आज के खोजी मन को स्थिरता प्रदान कर सकते हैं।

अनुभव-सूचक प्रज्ञा बनाम बाह्य प्रमाण

ऋषि विवेक की प्रमुख विशेषता यह है कि वह केवल बौद्धिक भागफल (IQ) पर आश्रित नहीं है, अपितु वह एक 'अनुभव-सूचक' धारणा है। आज के अनुभववादी दौर में, जहाँ 'Subjectivity' (विषयपरकता) को संदेह की दृष्टि से देखा जाता है, ऋषि-दृष्टि अनुभवात्मक पक्ष को समानुपातिक महत्त्व देती है। ऋषि श्रद्धा और समाधि के माध्यम से उस ज्ञान की अभिव्यक्ति करते हैं जो समय-सीमा और केवल मौखिक साहित्य से परे है। यही दृष्टि वर्तमान समय के मानसिक स्वास्थ्य, आत्म-विकास और नैतिकता की समझ में एक आवश्यक पूरक भूमिका निभाती है।

अकादमिक शोध और 'साक्षात्कार'

अकादमिक जगत् में भी ऋषि-दृष्टि आधुनिक शोध को नई दिशा प्रदान कर सकती है। जहाँ पाश्चात्य विज्ञान अधिकतर बाह्य-प्रेक्षण और मात्रात्मक (Quantitative) तर्क पर टिका है, वहीं ऋषि-दृष्टि में 'साक्षात्कार' को प्रमाण की श्रेष्ठतम श्रेणी में रखा गया है। इस दृष्टि से आधुनिक विज्ञान के 'Objectivity' और 'Subjectivity' के द्वैत के बीच व्याप्त खाई को पाटना सम्भव है। अध्यात्म, दर्शन और विज्ञान के एकीकृत वृत्तांत की इस युग में अत्यधिक आवश्यकता है।

लोक-कल्याण: वैयक्तिक मोक्ष से समष्टिगत अभ्युदय तक

ऋषि-दर्शन में जो जीवन-प्रेरणा निहित है, वह केवल वैयक्तिक नहीं है। ऋषि 'लोक-कल्याण' को 'मोक्ष' के समकक्ष रखते थे। उनकी दृष्टि जहाँ 'आत्मानुभूति'(Self-realization) की बात करती है, वहीं वह सामूहिक बोध (Collective real-ization) की भी मांग करती है। आज के वैश्विक संकटों-

पर्यावरण पतन, नैतिक क्षरण और सामाजिक विभेद–का समाधान इसी 'समग्रवादी विज्ञान' में निहित है।

ऋषि–दर्शन का एक और महत्त्वपूर्ण पक्ष विज्ञान और आध्यात्म की एकरूपता है। सांख्य और योग दर्शन में यह स्पष्ट है कि बाह्य जगत् और आंतरिक चित्त–विश्व में कोई द्वैत नहीं, बल्कि एक 'सहजीवनात्मक चेतना' है। पर्यावरणीय संकट को केवल वैज्ञानिक तथ्यों से नहीं, बल्कि प्रकृति के साथ इसी 'चेतना–सामंजस्य' के माध्यम से सुलझाया जा सकता है।

आधुनिक चिकित्सा और मानसिक स्वास्थ्य में ऋषि–साधना

आज की दुनिया में अस्तित्वगत प्रश्नों और मानसिक तनाव की तीव्रता ने ऋषि–साधना (योग, ध्यान, मन्त्र) की प्रासंगिकता को बढ़ा दिया है। अत्याधुनिक चिकित्सा–विज्ञान भी अब स्वीकार कर रहा है कि 'आध्यात्मिक जागरूकता' मानसिक स्वास्थ्य के लिए अनिवार्य है। ऋषि–परंपरा आज के ध्यानात्मक अभ्यासों को न केवल गहराई प्रदान करती है, बल्कि शिक्षा के अनुत्तरित प्रश्नों के समाधान भी प्रस्तुत करती है।

साधना का मार्ग–चाहे वह योग हो या स्वाध्याय–तभी सशक्त होता है जब वह ऋषि–दृष्टि से अनुप्राणित हो। यह केवल एक तकनीक नहीं, बल्कि अपने अस्तित्व की गहन तमसमयता से प्रकाश की ओर बढ़ने की एक जीवंत प्रवृत्ति है।

ऋषिः आधुनिक नेतृत्व और नैतिक उत्तरदायित्व के प्रेरणा स्रोत

ऋषि की आज की तीसरी बड़ी प्रासंगिकता 'नैतिक नेतृत्व' में है। आधुनिक नेतृत्व में केवल प्रशासन या प्रबंधन का समावेश पर्याप्त नहीं है; इसमें दूरदर्शिता और सहानुभूति का होना भी आवश्यक है। ऋषि–नेतृत्व वास्तव में 'सेवा' और 'कर्तव्य' का नेतृत्व है, जो सम्पूर्ण मानवता के हित में निर्णय लेने का आग्रह करता है। संवाद और धैर्यपूर्ण दृष्टिकोण ही आज की 'बहुलता' (Plurality) और 'सहिष्णुता' की समस्याओं का समाधान कर

सकते हैं।

ऋषि परंपरा और उनका दर्शन केवल भूतकाल की स्मृति नहीं, बल्कि वर्तमान की चेतना और भविष्य की संभावनाओं का मूलाधार है। यह धारा स्थिर नहीं, अपितु निरंतर गतिमान है। ऋषि के दर्शन को समझना स्वयं के गहन रूप को पहचानने और मानवता की सेवा हेतु सक्रिय योगदान देने का आमंत्रण है। अतः ऋषि-आदर्श आधुनिक अनुभव के संदर्भ में एक जीवंत प्रेरणा स्रोत है जो हमें आध्यात्मिक, बौद्धिक और सामाजिक-नैतिक रूप से उत्कृष्ट बनने हेतु प्रेरित करता है। यह ज्योति हमें निरंतर स्मरण कराती है कि ज्ञान मात्र अध्ययन नहीं, बल्कि 'अनुभूतिपूर्ण जीवन' है।

'यतोऽभ्युदयनिःश्रेयससिद्धिः स धर्मः।' (वैशेषिक सूत्र)

जहाँ अभ्युदय (भौतिक उन्नति) और निःश्रेयस (आध्यात्मिक कल्याण) की सिद्धि हो, वही वास्तविक धर्म और ऋषि-दृष्टि है। ऋषि-दर्शन की यह गंगा सदैव बहती रहे, क्योंकि जहाँ मन स्थिर होता है वहाँ मोक्ष सम्भव है, और जहाँ चेतना जाग्रत होती है वहाँ जीवन 'विश्वमय' होता है।

अध्याय

6

धर्मः कर्तव्य, गुण और धारण-तत्त्व का आध्यात्मिक विन्यास

'धर्म' शब्द की व्युत्पत्ति संस्कृत की 'धृ' धातु से हुई है, जो स्वयं में अद्‌भुत अर्थ-परतों को समाहित किए हुए है। इस धातु का मूल भाव है- 'धारण करना', 'वहन करना' और 'स्थिर रखना'। भाषा-विज्ञान और दर्शन की दृष्टि से 'धृ' धातु उन क्रियाओं को निरूपित करती है जो किसी वस्तु, स्थिति या नियम को टिकाए रखने और उसे संपूर्णता प्रदान करने में सक्षम हैं।

स्थिरता का स्तंभः धर्म वह शक्ति है जो इस प्रवाहमान और परिवर्तनशील संसार को स्थिरता प्रदान करती है। वैशेषिक सूत्र के अनुसार- 'यतोऽभ्युदयनिः श्रेयससिद्धिः स धर्मः' अर्थात् जिससे अभ्युदय (लौकिक उन्नति) और निःश्रेयस (पारलौकिक कल्याण) की प्राप्ति हो, वही धर्म है।

धारण और सहनः 'धृ' का एक मुख्य अर्थ भार उठाना या सहन करना भी है। जिस प्रकार पृथ्वी समस्त प्राणियों और जड़-चेतन का भार वहन करती है, उसी प्रकार धर्म मानवीय आचरण और सामाजिक व्यवस्थाओं का भार वहन कर उन्हें बिखरने से बचाता है।

धर्म का रूपकः ब्रह्मांडीय स्तंभ और नैसर्गिक संतुलन

भारतीय ग्रंथों में धर्म के स्वरूप को एक 'अविनाशी स्तंभ' (Cosmic Pillar) के रूप में कल्पित किया गया है। यह स्तंभ मात्र भौतिक नहीं, अपितु नियम और कर्तव्य के वे सूक्ष्म तंतु हैं

जो जीवन को संरेखित करते हैं।

व्यवस्था का आधारः जैसे एक भवन के स्तंभ उसकी छत को थामे रखते हैं, वैसे ही धर्म सद्गुणों के माध्यम से व्यक्तिगत और सार्वभौमिक व्यवस्था को बनाए रखता है। महर्षि पतंजलि ने योग-सूत्रों में इसे 'नियम' के रूप में वर्णित किया है, जो आंतरिक स्थिरता और आत्म-संयम का परिचायक है।

नैसर्गिक नियमः ब्रह्मांड के व्यापक संदर्भ में, धर्म प्रकृति के उस अनुशासन को न्यायोचित ठहराता है जिससे ग्रह, नक्षत्र और ऋतुओं का संचालन होता है। सूर्य का अपनी कक्षा में चलना या नदियों का निरंतर प्रवाह, धर्म की इसी 'धारण' शक्ति का परिणाम है।

भाषिक संरचनाः 'धृ' और 'म' का समन्वय

व्याकरणिक दृष्टि से 'धृ' धातु के साथ 'मन्' (म) प्रत्यय के जुड़ने से 'धर्म' शब्द निष्पन्न होता है। यहाँ 'म' प्रत्यय 'कारक' या 'माध्यम' का बोध कराता है। अतः धर्म का अर्थ उभरता है– वह माध्यम जो धारण करने योग्य है। शब्द-विस्तारः 'धृ' धातु से ही धारा, धारण, धर्ता, आधार, अधिष्ठान और धृति जैसे शब्दों का जन्म हुआ है। इन सभी शब्दों के केंद्र में 'स्थिरता' और 'संरक्षण' का भाव विद्यमान है।' धारा' ज्ञान और पोषण की वह अनवरत गंगा है जो जीवन को सींचती है, जबकि 'अधिष्ठान' वह धरातल है जिस पर सृजन टिका होता है।

इतिहास ग्रंथ और सामाजिक आचरण में धर्म

रामायण और महाभारत जैसे इतिहास ग्रंथों में धर्म को केवल कर्मों के संचय के रूप में नहीं, अपितु 'स्थायी मूल्य-निर्धारक' के रूप में देखा गया है। महाभारत में श्रीकृष्ण धर्म को धारण करने वाला सिद्धांत के रूप में प्रतिपादित (Sustaining Principle) करते हैं। उनके अनुसार, प्रत्येक कर्म का आधार और परिणाम धर्मसम्मत होना चाहिए। धर्म सामाजिक अनुशासन का वह सेतु है जो व्यक्ति को परिवार, समुदाय और राष्ट्र से

जोड़ता है। जब धर्म का यह आधार सुदृढ़ होता है, तब समाज-व्यवस्था सुचारू रहती है। यह केवल बाह्य कानून नहीं, बल्कि अंतःकरण की वह चेतना है जो मनुष्य को मर्यादा का बोध कराती है।

धर्म : जीवन-व्यवस्था का चतुष्कोणीय आयाम

धर्म जीवन के चार प्रमुख आयामों : व्यक्तिगत, सामाजिक, सांस्कृतिक और आध्यात्मिक को एक सूत्र में पिरोता है। यह केवल जड़ नियम नहीं है, बल्कि समय और परिस्थिति के अनुरूप रूपांतरित होने वाला एक जीवंत तत्त्व है। परिवर्तन और नित्यता: यद्यपि समाज की आवश्यकताओं के अनुसार धर्म के व्यावहारिक पक्ष (युग-धर्म) बदलते रहते हैं, किंतु उसका 'धृ' स्वरूप (शाश्वत आधार) अपरिवर्तनीय रहता है। यह वह पतवार है जो अशांत संसार-सागर में भटकती हुई जीवन-नौका को दिशा और प्रतिबद्धता प्रदान करती है।

धर्म–आत्मा की उन्नति का मार्ग

धर्म का अर्थ किसी संकुचित मत या रीति-रिवाज तक सीमित नहीं है। इसकी जड़ें उस 'धृ' तत्त्व में हैं जो प्रत्येक प्राणी और संपूर्ण विश्व को अस्तित्व प्रदान करता है। भारतीय दर्शन में धर्म को इसीलिए सर्वोच्च माना गया है क्योंकि यह न केवल जगत् का आधार है, अपितु आत्मा की उन्नति और मोक्ष की प्राप्ति का सोपान भी है।' धृ' धातु हमें जीवन के स्थायी, अनंत और समग्र 'धारण' का बोध कराती है, जो अनादि काल से भारतीय प्रज्ञा की आत्मा बना हुआ है।

धर्म का विराट विन्यास: कर्तव्य, सद्गुण और वैश्विक धारणा-तत्त्व

भारतीय प्रज्ञा के क्षितिज पर 'धर्म' शब्द का उदय किसी संकुचित मत या 'पंथ' (Religion) के रूप में नहीं, अपितु एक समग्र जीवन-दर्शन के रूप में हुआ है। यह वह तत्त्व है जो जीवन के प्रत्येक परमाणु को अनुशासित, नियमित और

आलोकित करता है। आधुनिक युग में जहाँ 'ज्ञान' केवल सूचनाओं का एक यांत्रिक संग्रह बनकर रह गया है, वहाँ धर्म की प्राग्रुपता (Archetype) हमें 'जीवन-जीवंतता' (Life-vitality) की ओर पुनः आहूत करती है। धर्म का विस्तार मानवीय कर्तव्यों की सीमाओं को लाँघकर उन सूक्ष्म आध्यात्मिक नियमों तक पहुँचता है, जो सम्पूर्ण सृष्टि को एक 'ऋत' (Cosmic Order) में आबद्ध रखते हैं।

शब्द-मूल और तात्विक अधिष्ठानः 'धृ' धातु का रहस्य

धर्म की व्युत्पत्ति संस्कृत की 'धृ' धातु से अभिप्रेरित है, जिसका अर्थ है- 'धारयतीति धर्मः' (जो धारण करता है, वही धर्म है)। यह 'धारण' केवल भौतिक भार वहन करना नहीं है, अपितु यह वह 'Sustaining Principle' है जो अस्तव्यस्तता (Chaos) के मध्य व्यवस्था (Order) की स्थापना करता है।

स्थायित्व का मूलाधारः धर्म वह आधारशिला है जिस पर संस्कृति का प्रासाद निर्मित होता है। यदि ब्रह्मांड से धर्म (नियम) को पृथक कर दिया जाए, तो ग्रह-नक्षत्र अपनी कक्षा से च्युत हो जाएँगे और समाज अराजकता के गर्त में विलीन हो जाएगा।

त्रिविध धारणः धर्म व्यक्ति को उसके स्वत्व, समाज और ब्रह्मांड के प्रति उत्तरदायित्वों को धारण करने की शक्ति प्रदान करता है। यह वह अंतर्निहित नियम है जो किसी वस्तु को उसका स्वभाव प्रदान करता है; जैसे अग्नि का धर्म उष्णता है और जल का धर्म शीतलता, वैसे ही मनुष्य का धर्म 'मानवता' और 'कर्तव्य-बोध' है।

कर्तव्य-धर्म : अनुशासन और मर्यादा का पथ

धर्म का प्रथम विस्तार 'कर्तव्य' (Duty) के रूप में परिलक्षित होता है। भारतीय शास्त्रों में कर्तव्य-धर्म को एक ऐसी आचार-संहिता माना गया है, जो मनुष्य के सामाजिक और व्यक्तिगत जीवन को परिष्कृत करती है।

मर्यादा का अनुशासनः यह कर्तव्य केवल बाह्य दबाव

नहीं, बल्कि आंतरिक शुचिता का विषय है। माता-पिता का सम्मान, गुरु-भक्ति और परोपकार जैसे गुण इसी कर्तव्य-धर्म की शाखाएँ हैं।

संतुलन की विद्याः कर्तव्य का उद्देश्य केवल नियमों का अनुपालन नहीं, अपितु इष्ट-सिद्धि और लोक-कल्याण के मध्य एक अपूर्व संतुलन स्थापित करना है। जब व्यक्ति अपने स्वार्थ को त्यागकर 'धर्म' के मार्ग पर चलता है, तो वह अनन्य शांति का अधिकारी बनता है।

गुण-धर्मः आन्तरिक परिष्कार और त्रिगुणात्मक विवेचन

कर्तव्य के उपरांत धर्म का द्वितीय विस्तार 'गुणों' (Virtues) के रूप में होता है। गुण-धर्म वह आंतरिक संस्कार है जो व्यक्ति की मनोभूमि को उर्वर बनाता है।

त्रिगुण मीमांसाः सांख्य दर्शन के अनुसार, सत्त्व, रजस् और तमस्-ये तीन गुण मानव चेतना को निर्देशित करते हैं। धर्म का कार्य इन गुणों का विवेकपूर्ण नियमन है। तमोगुण की जड़ता और रजोगुण की अतिशय चंचलता को सत्त्वगुण के प्रकाश में विलीन करना ही धार्मिक उत्कर्ष है।

नैतिक परिपक्वताः अहिंसा, सत्य, अस्तेय, ब्रह्मचर्य और अपरिग्रह जैसे गुण व्यक्ति को केवल 'धार्मिक' नहीं बनाते, अपितु उसे 'मानवीय' अर्थों में परिपूर्ण करते हैं। ये गुण ही व्यक्ति के आचरण में वह सुगंध भरते हैं जिससे समाज लाभान्वित होता है।

सामाजिक समरसता और सार्वभौमिक नियम

धर्म का सामाजिक पक्ष अत्यंत संवेदनशील और व्यापक है। यह विभिन्न वर्गों, जातियों और लिंगों के मध्य न्यायपूर्ण संतुलन का विधान करता है।

न्याय का स्रोतः प्राचीन धर्मशास्त्रों से लेकर आधुनिक संवैधानिक मूल्यों तक, धर्म का मूल तत्व 'न्याय' और 'समानता' ही रहा है। यह वह सामाजिक बंधन है जो समाज को विखंडन

से बचाता है।

लचीलापन और गतिशीलता: धर्म जड़ नहीं है। यह देश, काल और पात्र (Time, Place, and Context) के अनुसार स्वयं को रूपांतरित करने की सामर्थ्य रखता है। ऋग्वेद का 'ऋत' उत्तरवर्ती काल में 'नीति' और 'आचार' के रूप में विकसित हुआ, जो इसकी जीवंतता का प्रमाण है।

पुरुषार्थ चतुष्ट्य: जीवन के चार स्तंभ

भारतीय दर्शन में जीवन को सफल बनाने हेतु चार लक्ष्यों का निर्धारण किया गया है–धर्म, अर्थ, काम और मोक्ष। इसमें भी धर्म की केन्द्रीय भूमिका है।

धर्म का नेतृत्व: इन चारों में 'धर्म' को सर्वोपरि और नियामक माना गया है। धर्म के बिना 'अर्थ' (संपत्ति) अनैतिक हो जाती है और 'काम' (इच्छा) स्वच्छंद। जब धर्म इन दोनों को नियंत्रित करता है, तभी 'मोक्ष' (मुक्ति) का मार्ग प्रशस्त होता है।

समन्वयात्मक दृष्टि: धर्म वह सूत्र है जो भौतिक आवश्यकताओं और आध्यात्मिक आकांक्षाओं को परस्पर जोड़ता है। यह व्यक्ति को 'जान' (Information) से 'जीवन-जीवंतता' (Living Experience) की ओर ले जाता है।

यज्ञ और ज्योति: प्रतीकात्मक अर्थ-गाम्भीर्य

धर्म की सूक्ष्म उपस्थिति को यज्ञ और प्रकाश के प्रतीकों से समझा जा सकता है। यज्ञ की अग्नि में दी जाने वाली आहुति केवल द्रव्य का त्याग नहीं है, अपितु वह 'स्व' के समर्पण और 'समष्टि' के उत्थान का संकल्प है। अग्नि की ऊपर उठती हुई लपटें धर्म की उर्ध्वगामी प्रकृति की परिचायक हैं। जिस प्रकार संध्याकाल में प्रज्ज्वलित दीपक अंधकार का निवारण करता है, उसी प्रकार धर्म जीवन के अंधकारमय क्षणों में दिशा दिखाने वाला प्रकाश है। यह वह 'नित्य-ज्योति' है जो परिवार, समाज और राष्ट्र को सुरक्षित रखती है।

धर्म का दार्शनिक निष्कर्षः साक्षात्कार और बोध

धर्म का पालन केवल किसी रीति-रिवाज का अनुकरण नहीं, बल्कि स्वयं के स्वरूप का 'साक्षात्कार' है। राजा हरिश्चन्द्र का सत्य-व्रत हो या युधिष्ठिर का धैर्य-ये उदाहरण धर्म की उस कठोर कसौटी को दर्शाते हैं जहाँ व्यक्ति अपने प्राणों से अधिक अपने 'धारण-तत्त्व' को महत्त्व देता है।

वैश्विक शांति का मार्ग : आज के वैश्विक संकटों-चाहे वे पर्यावरणीय हों या युद्ध-जन्य-का समाधान धर्म की उसी 'धारणीयता' में छिपा है जो प्रकृति के प्रति सम्मान और मानवता के प्रति करुणा का आग्रह करती है।

जीवन का मूलाधारः धर्म के बिना जीवन एक ऐसी नौका के समान है जो पतवार के अभाव में अशांत समुद्र में दिशाहीन भटक रही है। यह वह सुदृढ़ आधारशिला है जिस पर आध्यात्मिक शांति और भौतिक समृद्धि का निर्माण संभव है।

धर्म; भारतीय ज्ञान-परंपरा की आत्मा

अंततः धर्म भारतीय प्रज्ञा का वह 'चिन्मय तत्त्व' है जो जड़ता को चेतनता में रूपांतरित करता है। यह न केवल कर्तव्यों की परिधि है, न केवल गुणों का संचय, बल्कि यह वह परम प्रकाश-स्तंभ है जो युगों-युगों से मानवता को स्थिरता, ऊर्जा और संतुलन प्रदान कर रहा है। धर्म की यह बहुआयामी अनुभूति ही हमें यह सिखाती है कि हम मात्र एक हाड़-मांस के पुतले नहीं, अपितु उस विराट् ब्रह्मांडीय व्यवस्था के अभिन्न अंग हैं, जिसे धारण करना ही हमारा सर्वोच्च उत्तरदायित्व है।

ऋषि-दृष्टि में धर्म वह शाश्वत स्वर है जो नित्य नवीन है- 'धर्मो रक्षति रक्षितः' (जो धर्म की रक्षा करता है, धर्म उसकी रक्षा करता है)। इसी प्रबोध के साथ धर्म आज भी आधुनिक मानव के लिए श्रेष्ठ जीवन-मार्ग का एकमात्र विकल्प बना हुआ है।

भारतीय ज्ञान-परंपरा के अंतर्गत 'धर्म' की अवधारणा का

परिशीलन करने पर यह तथ्य उद्घाटित होता है कि यह केवल जीवन का नियामक तत्त्व ही नहीं, अपितु सम्पूर्ण सामाजिक, नैतिक, आध्यात्मिक और दार्शनिक विमर्श का वह आधारभूत अधिष्ठान है जिसके सहारे मानवीय अस्तित्व का निरूपण संभव होता है। तथापि, आधुनिक संदर्भ में धर्म की संकल्पना को साम्प्रदायिक संकुचन (Sectarian narrowness), संकीर्ण पंथवाद (Narrow communalism) और दुरूह व्याख्याओं की परिधि में सीमित कर दिया गया है। इस पृष्ठभूमि में धर्म के व्याख्यात्मक वैविध्य (Interpretative Diversity) और उसके साथ संलग्न मिथ्या प्रत्ययों (Myth-perceptions/Misconceptions) का स्पष्टीकरण अनिवार्य है, ताकि इसकी सजीवता को पुनः प्रतिष्ठित किया जा सके। धर्म शब्द का मूल 'धृ' धातु है जिसका अर्थ है–धारण करना (To sustain) अथवा सहारा देना (To support)। इस धात्विक मूल का द्योतक है कि धर्म न तो केवल नियमों का संग्रह है और न ही केवल कर्मकाण्डों का अनुष्ठान; यह जीवन को धारण करने वाला वह मूल तत्त्व है जो व्यष्टि, समष्टि और ब्रह्मांड के मध्य एक अपूर्व सामंजस्य (Harmony) स्थापित करता है। अतः धर्म की व्याख्या में यह सूक्ष्म विमर्श आवश्यक है कि इसकी व्याप्ति केवल धर्मशास्त्रों के अनुशासन तक सीमित नहीं, बल्कि इसकी पहुँच सम्पूर्ण मानव गतिविधि, मूल्य-व्यवस्था और चेतना के फलक तक विस्तृत है। धर्म की व्याख्याओं में जो वैविध्य उभरता है, वह न केवल संस्कृत वाङ्मय में, अपितु स्थानीय भाषाओं, जनजातीय परंपराओं और आधुनिक चिंतन में भी परिलक्षित होता है। इसे हृदयंगम करना तभी सम्भव है जब हम धर्म की बहुआयामी प्रकृति को स्वीकार करें, जिसमें नैतिकता, न्याय, अर्थ, काम और मोक्ष जैसे विविध पुरुषार्थ सम्मिलित हैं।

प्रथम मिथ्या प्रत्यय यह है कि धर्म को केवल धार्मिक आस्था या विधिपूर्वक अनुष्ठान तक सीमित मान लिया जाता है। वस्तुतः धर्म अनिवार्यतः केवल आस्थाओं का समूह नहीं है,

बल्कि वह कर्तव्यपरायणता (Dutifulness) और व्यावहारिक न्याय का नियामक भी है। संस्कृत में धर्म का तात्पर्य एक ऐसे तत्त्व से है जो विश्व और मनुष्य के कर्तव्यों, स्वाभाविक गुणों तथा सामाजिक व्यवस्था के संतुलन को स्थापित करता है। इसका विस्तार महाभारत, धर्मशास्त्र, न्यायशास्त्र और उपनिषद्‌ों तक फैला हुआ है, जहाँ इसका व्यावहारिक पक्ष, सामाजिक अनुशासन और आध्यात्मिक अभिविन्यास (Spiritual orientation) तीनों परस्पर गुँथे हुए हैं। द्वितीय मिथ्या प्रत्यय यह है कि धर्म केवल व्यक्तिगत मोक्ष या पारलौकिक फल (Transcendental fruit) की प्राप्ति हेतु है। भारतीय ज्ञान-परंपरा में धर्म का लक्ष्य एक 'सर्वसमावेशी जीवन व्यवस्था' (All-inclusive life system) है, जिसमें सामाजिक, आर्थिक और नैतिक पक्ष पूर्णतः समाविष्ट हैं। यह जीवन की सम्पूर्णता का एक त्रिरत्न प्रारूप प्रस्तुत करता है, जहाँ धर्म केवल कर्तव्यपालन नहीं, अपितु व्यक्ति की चिन्तन-शक्ति और सामाजिक उत्तरदायित्वों का सम्मिश्रण है। तृतीयतः आधुनिक चर्चाओं में धर्म को संकीर्ण साम्प्रदायिक सीमाओं में आबद्ध कर देखा जाता है, जो भारतीय बहुलतावाद (Pluralism) की परंपरा के प्रतिकूल है। धर्म को वैचारिक संघर्ष (Ideological conflict) का माध्यम मान लेना भारतीय समाज की समन्वयवादी सांस्कृतिक प्रवृत्ति को अनदेखा करना है। भारतीय दर्शन में धर्म की बहुविध अभिव्यक्तियों को 'अनेक पथ, एक लक्ष्य' की अवधारणा के अंतर्गत देखा जाता है, जो एकात्मता में बहुलता के गुण को पहचानता है।

चतुर्थ मिथ्या प्रत्यय धर्म और विज्ञान के कल्पित विरोध के रूप में उभरती है। भारतीय ज्ञान-परंपरा में यह विरोधाभास नहीं, अपितु पूरकता (Complementarity) है। धर्म जहाँ नैतिकता, जीवन-नीति (Life-ethics) और आध्यात्मिकता का अनुशासन है, वहीं विज्ञान भौतिक और प्रायोगिक ज्ञान (Empirical knowledge) का। इन दोनों की भूमिकाएँ पृथक होते हुए भी परस्पर

पूरक हैं, क्योंकि वैज्ञानिक चेतना के लिए अनिवार्य सदाचार और अनुशासन का निर्माण धर्म द्वारा ही सम्भव होता है। इसके अतिरिक्त, धर्म को कट्टरता (Fanaticism) या हिंसा से जोड़ना एक वैचारिक त्रुटि है। भारतीय परंपरा में धर्म का शाश्वत मापदण्ड अहिंसा (Non-violence) और सत्य ही है; इन मूल्यों के अभाव में धर्म की चर्चा निरर्थक है। धार्मिक हिंसा या द्वेष भारतीय दर्शन के मूल विधान के विरुद्ध है और इसे अज्ञानता अथवा राजनीतिक स्वार्थों के फलस्वरूप देखा जाना चाहिए। धर्म का व्यावहारिक पक्ष एक समृद्ध परंपरा का द्योतक है, जिसमें जीवन के प्रत्येक क्षेत्र–व्यक्तिगत, पारिवारिक और सामाजिक के लिए विशिष्ट नियामक तत्त्व सम्मिलित हैं। मनुस्मृति, याज्ञवल्क्य स्मृति और गौतम धर्मसूत्र जैसे ग्रंथों में वर्णित नियम केवल विधिशास्त्र नहीं, अपितु सामाजिक न्याय–प्रणाली और अर्थव्यवस्था के सुसंगत अंग हैं, जो विवेक, काल, स्थान और परिस्थिति (Time, place, and circumstance) के अनुसार अनुकूलित होते रहे हैं।

गौतम बुद्ध से लेकर महात्मा गाँधी तक के महापुरुषों ने स्पष्ट किया है कि धर्म का वास्तविक अर्थ अहिंसा, सत्य, करुणा, सेवा और न्याय की स्थिर प्रवृत्तियों में निहित है। धर्म के आंतरिक मूल्यों को समझे बिना बाह्य कर्मकाण्डों में स्वयं को लिप्त करना अपूर्ण ज्ञान है। 'धर्म' शब्द के प्रति क्षेत्रीय भाषाओं में भी विशिष्ट अर्थ–बोध (Specific connotations) निर्मित हुए हैं, जो स्थानीय जनमानस की धारणाओं और रीति–रिवाजों से प्रभावित हैं। अंततः धर्म की भूमिका में 'धर्म की पुनर्प्राप्ति' या 'धर्म–पुनरुत्थान' की अवधारणा भी अत्यंत महत्त्वपूर्ण है। जब भी समाज नैतिक पतन (Moral decay) का शिकार होता है, तब धर्म स्वयं को नूतन रूपों (Neo-forms) में अभिव्यक्त कर प्रासंगिक बनाता है। धर्म वह जीवंत, बहुआयामी संस्तर है जो संस्कारों, नियमों और आध्यात्मिकता का सम्मिश्रण है। इसकी विशालता को आत्मसात् कर हमें इसके मिथ्या प्रत्ययों

को दूर करना होगा, जहाँ यह केवल कर्तव्य-निर्धारक (Duty-determinant) नहीं, अपितु गुण-निर्माता (Virtue-builder) और चिंतन-प्रेरक भी है। धर्म केवल पारम्परिक धार्मिकता (Traditional religiosity) का नाम न होकर जीवन की वह जीवंत और दिव्य दिशा है, जिसका स्पर्श हर युग में सम्यक् जीवन व्यवस्था के लिए अपरिहार्य होता है।

अध्याय 7

श्रुति का सांस्कृतिक संचरणः दिव्य चेतना से लोकाचार तक

श्रुति का सांस्कृतिक संचरण भारतीय ज्ञान-परंपरा की वह सूक्ष्म एवं गहन प्रविधि है, जिसके माध्यम से दिव्य अनुभूतियों का शब्द-ब्रह्म मानवीय संस्कृति के स्मृति-तंत्र में प्रविष्ट होता है। यह प्रवाह केवल ग्रंथों का संचयन मात्र नहीं है, अपितु सामूहिक चेतना, भाषाई शुचिता और लोकाचार के बहुआयामी रूपों में व्याप्त एक सजीव स्पंदन है। श्रुति को मात्र 'तथ्य' या 'लिखित शब्द' मानना अपर्याप्त होगा; यह एक आकाशीय अनुभूति और आध्यात्मिक दृष्टि है। ऋषियों की समाधिस्थ अवस्था में ब्रह्मांडीय सत्य के अनंत स्रोत से जो संदेश प्रस्फुटित हुआ, वही 'अपौरुषेय' श्रुति है। यह ज्ञान मानवीय निर्मिति नहीं, अपितु शाश्वत सत्य का प्रकटीकरण (Revelation) है।

श्रुति से स्मृतिः मौखिक परंपरा का अनुशासन

श्रुति के सांस्कृतिक संचरण की मूल धुरी मौखिक परंपरा (Oral Tradition) रही है। यह ध्यान, धारणा और कठोर अनुशासन के उन नियमों से संचालित थी, जिन्होंने भारतीय ज्ञान-तंत्र को अभेद्य प्रामाणिकता प्रदान की। श्रुति से स्मृति की यह यात्रा विखंडन की नहीं, बल्कि मनोवैज्ञानिक अनुकूलन की प्रक्रिया है।

- **स्मृति का अर्थ :** यहाँ 'स्मृति' केवल व्यक्तिगत स्मरण शक्ति नहीं, बल्कि वह व्यापक सामाजिक-सांस्कृतिक संधि (Socio-cultural compact) है, जिसमें दार्शनिक और व्यावहारिक ज्ञान

को लोकोपयोगी बनाया जाता है।

- **गुरु-शिष्य परंपरा:** इस संचरण के प्रधान सूत्रधार गुरु थे, जो केवल सूचना के संप्रेषक नहीं, बल्कि पारंपरिक मूल्यों के संरक्षक भी थे। शिष्यों में केवल मंत्रों का ही संचार नहीं होता था, बल्कि उस ज्ञान को नवचेतना और सामूहिक जीवन के संकल्पों में साकार करने की क्षमता भी विकसित की जाती थी।

शास्त्रों का उदय और विद्या का मानकीकरण

जैसे-जैसे श्रुति का सांस्कृतिक विस्तार हुआ, व्याकरण, मीमांसा और न्याय जैसे अनुशासनों ने जन्म लिया। इन शास्त्रों ने स्मृति ग्रंथों के मानकीकरण और व्याख्या में निर्णायक भूमिका निभाई।

- **भाषाई अधिष्ठान:** संस्कृत भाषा की व्याकरणीय सुदृढ़ता और 'अन्वय-व्यतिरेक' (सार्थक तर्क-पद्धति) की सूक्ष्मता ने ज्ञान को स्थायी आधार दिया। इससे श्रुति की ध्वनि, शुद्ध उच्चारण और लय का तटस्थ संरक्षण संभव हो सका।
- **व्यापक कार्यक्षेत्र:** श्रुति से प्राप्त मूल तत्वों ने नाट्यशास्त्र से लेकर अर्थशास्त्र और आयुर्वेद तक की विधाओं को अनुप्राणित किया। प्रत्येक शास्त्र ने श्रुति के गूढ़ रहस्यों को व्यावहारिक जीवन के विशिष्ट संदर्भों में व्याख्यायित किया।

लोकाचार: ज्ञान का व्यावहारिक रूपांतरण

श्रुति और स्मृति की यह ज्ञानधारा अंततः 'लोकाचार' (Social Conduct) के रूप में परिणत होती है।' आचार' का अर्थ है वह ज्ञान जो आचरण में उतर चुका हो।

- **सामाजिक समरसता:** लोकाचार वह प्रयोगात्मक ज्ञान है, जो आध्यात्मिक सत्य को सामान्य जन-जीवन के रीति-रिवाजों, संस्कारों और उत्सवों का हिस्सा बना देता है।
- **विविधता में एकता:** इसी संचरण प्रणाली के कारण विभिन्न ग्रामों, कुलों और समुदायों ने अपनी विशिष्ट परंपराओं के भीतर भी श्रुति के मूल सिद्धांतों को समाहित किया। इसने भारतीय समाज की बहुलतावादी संस्कृति को एक अंतर्निहित

सूत्र में पिरोया।

संचरण की वैज्ञानिकता और दार्शनिक आधार

भारतीय दर्शन की प्रणालियों ने इस प्रवाह को तार्किक सुदृढ़ता प्रदान की:

- **मीमांसा:** इसने उन विधिक विधानों और भावों की विवेचना की, जिनसे ज्ञान का संदेश शुद्ध बना रहता है।
- **न्याय:** इसने प्रमाण-शास्त्र के माध्यम से ज्ञान के न्यायिक मूल्यांकन को सुनिश्चित किया।

यह संचरण प्रक्रिया किसी बाह्य संस्था द्वारा नहीं, बल्कि गोत्र, शाखा, पंचायत और आश्रम जैसी सामाजिक-आध्यात्मिक संस्थाओं के माध्यम से कष्टसाध्य निष्ठा के साथ संचालित हुई।

ज्ञान-प्रवाह की अक्षुण्णता: एक मूल्यांकन

यद्यपि कालांतर में स्मृति ग्रंथों को लिपिबद्ध किया गया, तथापि भारतीय परंपरा में मौखिक संचरण की गरिमा कभी कम नहीं हुई। यह केवल 'सुनी गई बात' का दोहराव नहीं था, बल्कि विश्वास, तर्क और अनुभव से परिपक्व ज्ञानधारा का बोधगम्य स्वरूप था। श्रुति का यह सांस्कृतिक संचरण न तो कालबाधित है और न ही जड़; यह प्रत्येक युग की आवश्यकताओं के अनुसार स्वयं को पुनर्सृजित और पुनर्व्याख्यायित करने में समर्थ है।

श्रुति से स्मृति और स्मृति से लोकाचार तक की यह प्रवाह-रेखा भारतीय ज्ञान-परंपरा की वह जीवंत धमनियाँ हैं, जो प्राचीन ऋषियों की वाणी को आज के सामान्य जन के संस्कारों से जोड़ती हैं। यह संचरण प्रक्रिया भारतीय संस्कृति को निरंतरता, सहिष्णुता और नूतनता प्रदान करती है। यह केवल विगत का स्मरण नहीं, बल्कि भविष्य के लिए एक अक्षय आध्यात्मिक ऊर्जा-स्रोत है, जो मानवता को आत्मिक पूर्णता और सामाजिक संतुलन का मार्ग दिखाता है।

स्मृति और शास्त्र की व्याख्यात्मक शक्तियाँ

भारतीय ज्ञान-परंपरा में श्रुति जहाँ आध्यात्मिक बोध का अनादि और अपरिवर्तनीय स्रोत है, वहीं स्मृति और शास्त्र उस अमूर्त ज्ञान को सामाजिक, नैतिक और व्यावहारिक धरातल पर क्रियान्वित करने के सशक्त माध्यम हैं। इन्हें केवल प्राचीन ग्रंथों का संचयन मानना संकीर्ण दृष्टि होगी; वस्तुतः ये ज्ञान की वे व्याख्यात्मक और नियामक शक्तियाँ हैं, जो शाश्वत मूल्यों को समयानुकूल व्यवस्था में रूपांतरित करती हैं। ये शक्तियाँ सामाजिक न्याय, नीति, लोकाचार और व्यक्ति-धर्म के मध्य एक सेतु का निर्माण करती हैं, जिससे भारतीय संस्कृति में लचीलापन और निरंतरता बनी रहती है।

स्मृतिः अनुभव और परंपरा की प्रज्ञा

'स्मृति' का व्युत्पत्तिपरक अर्थ है-'स्मरण'। यह वह प्रज्ञा है जो ऋषियों और समाज के सामूहिक अनुभवों के माध्यम से संरक्षित की गई। श्रुति के 'अपौरुषेय' होने के विपरीत, स्मृतियाँ मानवीय चेतना और सामाजिक आवश्यकताओं के प्रत्युत्तर में निर्मित हुई हैं।

धर्मशास्त्र का आधारः स्मृति के अंतर्गत मनुस्मृति, याज्ञवल्क्य स्मृति और नारद स्मृति जैसे ग्रंथ प्रमुख हैं। ये ग्रंथ श्रुति के आदर्शों को 'व्यवहार' (Law and Conduct) में परिवर्तित करते हैं।

अनुकूलनशीलता (Adaptability): स्मृतियों की सबसे बड़ी शक्ति उनकी गतिशीलता है। ये जड़ सिद्धांत नहीं हैं, बल्कि देश, काल और पात्र (Context) के अनुरूप इनमें संशोधन और पुनर्व्याख्या की गुंजाइश सदैव बनी रहती है। न्याय और मीमांसा दर्शन की तर्क-पद्धतियाँ इन स्मृतियों को वैचारिक सुदृढ़ता और प्रमाणिकता प्रदान करती हैं।

शास्त्रः अनुशासनात्मक ज्ञान का ढाँचा

'शास्त्र' शब्द की निष्पत्ति 'शास्' धातु से हुई है, जिसका

अर्थ है–शासन करना, अनुशासित करना अथवा सुव्यवस्थित शिक्षा देना। शास्त्र ज्ञान को एक व्यवस्थित संरचना (Structure) प्रदान करते हैं।

शास्त्रीय सोपानः भारतीय ज्ञान-पद्धति में शास्त्र की व्याख्या के चार क्रमिक सोपान हैं–सूत्र (संक्षिप्त सिद्धांत), भाष्य (विस्तृत व्याख्या), टीका (गहन विश्लेषण) और टिप्पणी (विशिष्ट सूक्ष्म विवेचन)। यह पद्धति ज्ञान को तर्कसंगत और अधिगम-योग्य (Learnable) बनाती है।

विषयगत विविधताः प्रत्येक विषय का अपना एक शास्त्र है–धर्मशास्त्र, अर्थशास्त्र, नाट्यशास्त्र, आयुर्वेद और कामशास्त्र। ये शास्त्र केवल सूचनाओं के संग्रह नहीं हैं, बल्कि संबंधित विषय के सिद्धांतों को व्यावहारिक जीवन में लागू करने की प्रयोगात्मक विधियाँ हैं।

व्याख्यात्मक शक्ति का सामाजिक-सांस्कृतिक विस्तार

स्मृति और शास्त्र की व्याख्यात्मक शक्ति अमूर्त आध्यात्मिक सत्यों को सामाजिक संस्कारों और नीतिगत नियमों में ढालती है।

संतुलन का सिद्धांतः समाज को सुचारू रूप से चलाने के लिए व्यक्ति की स्वतंत्रता और सामाजिक उत्तरदायित्व के मध्य संतुलन आवश्यक है। शास्त्र जहाँ सैद्धांतिक नींव रखते हैं, वहीं स्मृतियाँ यह निर्देश देती हैं कि जटिल परिस्थितियों में निर्णय कैसे लिए जाएँ।

संस्कार और लोकाचारः जन्म से मृत्यु तक के षोडश संस्कार, पर्व, उत्सव और न्यायिक व्यवस्था इन्हीं व्याख्यात्मक शक्तियों का परिणाम हैं। ये समाज में एक स्वस्थ पर्यावरण और सांस्कृतिक अनुशासन सुनिश्चित करते हैं।

व्याख्या की सूक्ष्मताः सूत्रों से व्यवहार तक

भारतीय व्याख्यात्मक परंपरा अत्यंत संवेदनशील है। इसमें शब्द के केवल कोषगत अर्थ को ही नहीं लिया जाता, बल्कि

उसके सामाजिक और आध्यात्मिक आयामों (Dimensions) का भी विश्लेषण किया जाता है।

आलोचनात्मक चिंतन: सूत्र-भाष्य-टीका की शैली शास्त्र को आलोचनात्मक चिंतन और बहुविध दृष्टिकोणों (Pluralistic views) को समाहित करने का सामर्थ्य देती है। इससे सिद्धांतों की शुद्धता भी बनी रहती है और उनकी सामाजिक उपयोगिता भी सुनिश्चित होती है।

लोकाचार का निर्माण: यही व्याख्यात्मक प्रक्रिया अंततः 'लोकाचार' को जन्म देती है, जो सामान्य जन-जीवन में संस्कारों और आचरण के रूप में रचा-बसा होता है।

समकालीन प्रासंगिकता और वैश्विक महत्व

आज के वैश्वीकरण और त्वरित परिवर्तनों के युग में स्मृति और शास्त्र की व्याख्यात्मक पद्धतियों का पुनरावलोकन अनिवार्य है।

निरंतर संवाद: ये ग्रंथ हमें सिखाते हैं कि ज्ञान स्थिर नहीं, बल्कि निरंतर संवादात्मक और समायोज्य (Adjustable) होता है। न्याय, धर्म, अर्थ और काम (पुरुषार्थ चतुष्ट्य) के मध्य संतुलन की जो शिक्षा ये शास्त्र देते हैं, वह आधुनिक नीति-निर्माण और नैतिक संकटों के समाधान में अत्यंत सहायक है।

सांस्कृतिक स्वायत्तता: आधुनिक विद्वान इन व्याख्यात्मक प्रणालियों को 'बौद्धिक संप्रभुता' के प्रतीक के रूप में देखते हैं। ये हमें एक ऐसा जीवन-दर्शन प्रदान करते हैं जो व्यक्ति, समाज, प्रकृति और ब्रह्मांड के मध्य तादात्म्य स्थापित करता है।

स्मृति और शास्त्र भारतीय ज्ञान-परंपरा की वे सजीव कड़ियाँ हैं, जो इतिहास और वर्तमान के मध्य अविच्छिन्न प्रवाह बनाए रखती हैं। इनकी व्याख्यात्मक शक्ति यह सुनिश्चित करती है कि ज्ञान केवल पुस्तकालयों तक सीमित न रहकर समाज की धमनियों में संस्कारों के रूप में प्रवाहित हो। ये प्रणालियाँ न केवल अतीत की संरक्षक हैं, बल्कि भविष्य के निर्माण के लिए

एक तार्किक और नैतिक दिशा-निर्देश भी प्रदान करती हैं। इसी व्याख्यात्मक सामर्थ्य के कारण भारतीय संस्कृति सहस्राब्दियों के उपरांत भी नित्य नूतन और प्राणवान बनी हुई है।

लोकाचार: सामाजिक जीवन में ज्ञान का प्राण

चेतना का वह अविरल प्रवाह, जिसमें ज्ञान केवल ग्रंथों की सीमाओं में आबद्ध न रहकर जीवन के जीवंत अनुभवों में प्रत्यक्ष होता है और लोकचर्या का रूप धारण करता है, भारतीय ज्ञान-परंपरा की एक अनुपम विशेषता है। लोकाचार वस्तुत: सामाजिक जीवन का वह संवहन है, जिसमें आध्यात्मिक दर्शन, सूक्ष्म सांस्कृतिक मूल्य और व्यावहारिक तर्क एक साथ एकाकार होकर प्रवाहित होते हैं। इसकी उत्पत्ति केवल स्मृति या शास्त्र-ग्रंथों के बौद्धिक विमर्श से ही नहीं होती, अपितु जनजीवन के सहज प्रकटीकरण, उत्सवों, लोक-रीतियों और सामाजिक आयोजनों की जीवंत रूपरेखा से सिद्ध होती है। लोकाचार इस सत्य को उद्घाटित करता है कि ज्ञान का सार केवल तीर्थों, मठों या शिक्षण संस्थानों तक सीमित नहीं है, बल्कि वह ग्रामीण चौपालों के विमर्श, पर्वों के उल्लास और पारिवारिक संस्कारों की गरिमा में भी सजीवता प्राप्त करता है।

भारतीय समाज में लोकाचार की भूमिका उस सेतु के समान है, जो श्रुति और स्मृति के अमूर्त सिद्धांतों को प्रत्यक्ष व्यवहार की परिधि में ले आता है। इसे यदि कलात्मक दृष्टि से देखा जाए, तो यह सामाजिक जीवन का वह 'ताल' है जो शास्त्रों के शुष्क शब्दों को भावभंगिमा और रसानुभूति प्रदान करता है। लोकाचार वह संवाद है जहाँ व्यक्ति का निजी अस्तित्व समष्टि की संस्कार-परंपरा के साथ सामंजस्य स्थापित करता है, जहाँ प्रत्येक पदचाप, प्रत्येक लोकगीत और प्रत्येक अनुष्ठान एक गहन दार्शनिक प्रतीक बन जाता है। इस प्रकार, लोकाचार केवल सामाजिक मर्यादा का पर्याय नहीं, अपितु वह जीवन-साधना का एक प्रवाही रूप है जो ज्ञान-संस्कृति की प्रत्यक्ष

अभिव्यक्ति है।

इसकी दार्शनिक व्यापकता को समझने हेतु इसकी उत्पत्ति पर विचार करना अनिवार्य है। जब श्रुतिगत दर्शन को स्मृति के माध्यम से अनुशासनात्मक और व्यवहार्य रूप प्राप्त होता है, तब लोकाचार उन्हीं सिद्धांतों का क्रियात्मक अनुष्ठान बन जाता है। यह शास्त्रीय ज्ञान को दैनिक जीवन की चुनौतियों और अवसरों के अनुरूप रूपांतरित करने वाली एक जीवंत व्याख्या है। भारतीय पर्व और अनुष्ठान इसके ज्वलंत उदाहरण हैं। दीपावली का दीपपर्व हो या होली की रंगमयी आभा, इन उत्सवों में ज्ञान की गूढ़ परंपराएँ सामाजिक समरसता का आधार बनती हैं। दीपावली का प्रकाश केवल भौतिक अंधकार का निवारण नहीं, बल्कि आत्मिक ज्ञान द्वारा अज्ञान के तिमिर पर विजय का प्रतीक है। इस लोकाचार में विधिपूर्वक किए गए अनुष्ठान सामाजिक एकात्मता और आध्यात्मिक चेतना के सह-अस्तित्व को पुष्ट करते हैं। ब्रज के नागरों के झूमर हों या दक्षिण के शास्त्रीय नृत्य, ये सभी वेदों की ध्वनि-मूलक संरचनाओं के ही लोक-प्रतिध्वनि स्वरूप हैं।

वस्तुत: लोकाचार उन सहस्राब्दी पुरानी प्रथाओं का निरंतर प्रवाह (Continuity) है, जो दार्शनिक सूत्रों को यथार्थ में चरितार्थ करती हैं। विवाह संस्कार को दृष्टांत रूप में लें, तो वैदिक ग्रंथों में इसे एक पवित्र 'धर्म' माना गया है, जिसमें वैयक्तिक और सामाजिक दायित्वों का समावेश है। जब यह ज्ञान लोक-मानस में संस्कार बनकर उतरता है, तब कन्यादान की पवित्रता और नव-दम्पति का आशीर्वचन केवल कर्मकांड नहीं रह जाते, बल्कि वे जीवन-मूल्यों के संवाहक बन जाते हैं। इसी प्रकार, भोजन की सात्विकता और अन्न के प्रति पूज्य भाव यह दर्शाता है कि लोकाचार के रूप में ज्ञान सामाजिक न्याय और आध्यात्मिक शुचिता के अंतर्संबंधों को विस्तार दे रहा है। भोजन के समय 'अन्नं ब्रह्म' की अवधारणा और वितरण में न्याय का भाव लोकाचार के माध्यम से ही जन-जन तक पहुँचता है।

लोकाचार में नृत्य, संगीत और कलात्मक अभिव्यक्तियों का वह संगम होता है, जो समाज के गूढ़ विश्वासों को शैलीबद्ध रूप प्रदान करता है। जहाँ भरतनाट्यम या कुचिपुड़ी जैसे शास्त्रीय नृत्यों में वेदांत और पुराणों के आख्यानों की शास्त्रीय प्रस्तुति होती है, वहीं स्थानीय लोक-नृत्यों और जनजातीय कलाओं में भी लोकाचार की वही दार्शनिक सूक्ष्मता भाव-व्यंजना के रूप में विद्यमान रहती है। ये अभिव्यक्तियाँ सामूहिक चेतना में ज्ञान और अनुभव का एक अविच्छिन्न संवाद उत्पन्न करती हैं। सामाजिक समरसता और सहकारिता के क्षेत्र में भी लोकाचार का योगदान अतुलनीय है। पंचायती व्यवस्था, वृद्धों के प्रति सम्मान और दंड विधान के प्रति सामाजिक दृष्टिकोण-ये सभी लोकाचार के वे प्रारूप हैं, जो व्यवहार में ज्ञान की उपादेयता को सिद्ध करते हैं। यह प्रवाह निर्देशपरक होने के स्थान पर अनुभूतिमय और परिवर्तनशील होता है।

सामाजिक जीवन की यह प्रदीप्त अभिव्यक्ति शास्त्र की स्थूल भाषा से कहीं अधिक समृद्ध है। लोकाचार ज्ञान को उस स्वरूप में प्रस्तुत करता है जो परिस्थिति-सापेक्ष और क्रियात्मक है। राजस्थान के कालबेलिया नृत्य की लय हो या कर्नाटक के दशहरा उत्सव में रामलीला का मंचन, इन सभी के मूल में प्राचीन श्रुति-ज्ञान का मानवीय अनुवाद समाहित है। प्रत्येक पात्र और संवाद में सामाजिक न्याय और मानवीय मूल्यों की व्याख्या निहित होती है। हरियाणा के लोकगीतों से लेकर ग्रामीण क्षेत्रों की कथा-परंपरा तक, लोकाचार ज्ञान के सहज और आडंबरहीन प्रसार का माध्यम बनता है। चौपालों में प्रचलित कहानियाँ मात्र कथाएँ नहीं, बल्कि नैतिक शिक्षा और सांस्कृतिक चेतना के मानदंड हैं, जो सामूहिक स्मृति के रूप में पीढ़ी-दर-पीढ़ी संचारित होते हैं।

लोकाचार की एक विस्मयकारी विशेषता इसकी परिवर्तनशीलता के मध्य निहित आंतरिक स्थिरता है। आधुनिकता और तकनीक के युग में भी लोकाचार अपने मूल ज्ञान-आधार

के प्रति निष्ठावान बना हुआ है। संस्कारों के बाहरी स्वरूप भले ही परिवर्तित हुए हों, किंतु लोक-समाज की सक्रिय सहभागिता ने उनके प्राण-तत्वों को अक्षुण्ण रखा है। यही गतिशीलता और स्थिरता का समन्वय भारतीय ज्ञान-परंपरा का रहस्य है। अंततः लोकाचार सामाजिक जीवन में ज्ञान का वह प्राण है, जो न केवल नियमों का अनुपालन कराता है, बल्कि जीवन को अर्थ और सजीवता प्रदान करता है। यह अनुभूति, पालन और सामाजिक सामंजस्य के ताने-बाने में बुना हुआ वह माधुर्यपूर्ण संगीत है, जिसके बिना भारतीय समाज की गहन संस्कृति की कल्पना असंभव है। यह सजीव ज्ञान-संस्कृति की वह प्रत्यक्ष अनुभूति है, जो व्यक्ति को समष्टि के साथ और समष्टि को परमेष्टि के साथ जोड़ती है।

ज्ञान प्रवाह की समग्र दृष्टिः श्रुति से लोकाचार तक का अनवरत मार्ग

भारतीय ज्ञान-परंपरा में ज्ञान को किसी जड़ या संचित तथ्य-संग्रह के रूप में स्वीकार नहीं किया गया है, अपितु इसे एक गतिशील, बहुआयामी और चैतन्य प्रवाह के रूप में आत्मसात् किया गया है। यह प्रवाह काल के साथ निरंतर परिवर्तित होता रहता है, किंतु अपनी मौलिक आत्मा को अक्षुण्ण रखते हुए नवीन सामाजिक-सांस्कृतिक परिवेश के अनुरूप स्वयं को अनुकूलित करने की अद्भुत सामर्थ्य रखता है। 'श्रुति से स्मृति और शास्त्र से लोकाचार तक' की यह प्रवाह-रेखा वस्तुतः एक ऐसी समग्र दृष्टि प्रस्तुत करती है, जो ज्ञान के विभिन्न सोपानों के मध्य संतुलन, संप्रेषण और विकास की जीवंतता को दर्शाती है। ये चार चरण केवल ज्ञान के संकलन की विधियाँ नहीं हैं, बल्कि ये ज्ञान के आध्यात्मिक और व्यावहारिक जीवन-चक्र के विभिन्न आयाम हैं।

श्रुति वह अनादि और दिव्य गंगोत्री है जहाँ से ज्ञान का प्राकट्य होता है। स्मृति वह मध्यम मार्ग है जिससे यह ज्ञान

जन-स्मृति में स्थायी रूप से संरक्षित और पल्लवित होता है। शास्त्र वह अनुशासनात्मक प्रणाली है जो तर्क, विवेचना और सूक्ष्म विश्लेषण के माध्यम से इस प्रवाह को दिशा प्रदान करती है, और लोकाचार वह अंतिम परिणति है जहाँ ज्ञान सामाजिक प्रथाओं और व्यक्तिगत व्यवहार के रूप में क्रियान्वित होकर जीवन का प्राण बनता है। इन चारों के मध्य का अंतर्संबंध ही भारतीय ज्ञान-परंपरा के स्थायित्व का मूल रहस्य है। जिस प्रकार प्राकृतिक जगत् में ऋतुओं का परिवर्तन जीवन के रंग-रूप और व्यवहार को नवीनता प्रदान करता है, उसी प्रकार ज्ञान के इस प्रवाह में भी कालसापेक्ष अवस्थाएँ और नूतन अभिव्यक्तियाँ उभरती रहती हैं। इस परिवर्तनशीलता में भी एक अंतर्निहित क्रम और निरंतरता बनी रहती है, जो परंपरा के स्थापनात्मक और विकासात्मक पक्षों को संतुलित करती है।

श्रुति, जो 'अपौरुषेय' सत्य का प्रतिनिधित्व करती है, उस मौलिक और निरपेक्ष अनुभूति का प्रतिपादन करती है जो काल की सीमाओं से परे है। यह वह दैवीय संदेश है जो ऋषियों के अंत:करण में ब्रह्मांडीय सत्य के रूप में प्रस्फुटित हुआ। इसी सत्य को स्मृति ने सामाजिक संदर्भों में अनुकूलित कर उसे 'स्मरण' योग्य और व्यावहारिक बनाया। स्मृति ने ज्ञान को केवल स्थिर नहीं रखा, बल्कि उसे पुराणों और उपदेशों के माध्यम से लोक-संस्कृति का अभिन्न अंग बना दिया। इसके पश्चात् शास्त्रों का उदय हुआ, जिन्होंने सूत्र, भाष्य और टीकाओं के माध्यम से ज्ञान प्रवाह को एक सुव्यवस्थित और तार्किक अधिष्ठान प्रदान किया। भारतीय दर्शन के तर्क-तंत्र ने ज्ञान को न केवल संरक्षित किया, बल्कि उसे संशय रहित और वैज्ञानिक स्वरूप भी प्रदान किया। अंतत: लोकाचार वह जीवंत रूप है, जिसमें यह संपूर्ण ज्ञानधारा सामूहिक व्यवहार, नीति-संहिता और जीवन-शैली में समाहित होकर पुनरावृत्ति करती है।

यह संपूर्ण प्रवाह एक जैविक सादृश्य प्रस्तुत करता है। जिस प्रकार एक नदी अपने उद्गम से निकलकर विभिन्न

मार्गों, पर्वतों और मैदानों से होती हुई, मार्ग में मिलने वाले विविध अनुभवों को आत्मसात् कर अंततः सागर में विलीन हो जाती है; उसी प्रकार ज्ञान भी श्रुति के स्रोत से निकलकर स्मृति के विस्तार, शास्त्र के अनुशासन और लोकाचार की व्यवहारिकता के माध्यम से समाज के प्रत्येक स्तर को सिंचित करता है। इस यात्रा में ज्ञान के 'मूड' और 'रंग' भी ऋतुओं की भाँति परिवर्तित होते रहते हैं।

श्रुति का स्वर्णिम वर्ण : यह उस शुद्ध, शाश्वत और दिव्य मूल का प्रतीक है जिसका प्रवाह अमर है। यह ज्ञान की वह पराकाष्ठा है जो तर्क से परे प्रत्यक्षानुभूति पर आधारित है।

स्मृति का बहुरंगी मृदु वर्ण : यह ज्ञान को सामाजिक और ऐतिहासिक धरातल पर संग्रहित कर उसे लोक-जीवन के साथ संवाद हेतु तत्पर करता है। इसमें लोक कथाओं और पुराणों की कोमलता और विविधता समाहित है।

शास्त्र का गंभीर नीला वर्ण : यह विद्वता, गंभीर विवेचन और तार्किक अन्वेषण का प्रतीक है। नीला रंग उस अगाध गहराई को दर्शाता है जहाँ ज्ञान का परीक्षण, शोध और परिष्कार होता है।

लोकाचार का जीवंत और उत्सवधर्मी वर्ण : यह वह रंग है जो ज्ञान को प्रत्यक्ष जीवन में क्रियान्वित करता है। यह नैतिकता, संस्कारों और सामाजिक न्याय का वह प्रकाश है जो व्यक्ति के आचरण को प्रकाशित करता है।

वर्तमान वैश्विक संदर्भ में, जहाँ तकनीक और सामाजिक संरचनाएँ तीव्र गति से रूपांतरित हो रही हैं, इस ज्ञान-प्रवाह की 'अनुकूलन क्षमता' अत्यंत प्रासंगिक हो जाती है। यह परंपरा जड़वत नहीं है, बल्कि एक संतुलित और गतिशील संरचना है जहाँ पुरातनता और नूतनता का अद्‌भुत तादात्म्य मिलता है। मीमांसा का 'अथातो धर्मजिज्ञासा' सूत्र हमें निरंतर अन्वेषण की प्रेरणा देता है, वहीं वैशेषिक का 'यतोऽभ्युदयनिःश्रेयससिद्धिः' का सिद्धांत भौतिक समृद्धि और आध्यात्मिक उत्कर्ष के समन्वय

को धर्म का मूल मानता है। यह प्रवाह युवाओं की जिज्ञासा, साधकों की तपस्या और समाज की बदलती आवश्यकताओं को अपने भीतर समाहित कर निरंतर प्रवाहित हो रहा है।

अंतत: ज्ञान की यह नदी न केवल बाह्य जगत् को आलोकित करती है, बल्कि आंतरिक जीवन-रूपांतरण की अनुभूति को भी जाग्रत करती है। यह हमें सिखाती है कि ज्ञान केवल सूचनाओं का रटन नहीं, बल्कि एक 'सृष्टि' और 'संवेदन' का जीवंत रूप है। गंगोत्री से समुद्र तक की इस यात्रा में ज्ञान के अनंत रूप जीवन को अर्थपूर्ण और संस्कारित बनाते हैं। भारतीय ज्ञान-परंपरा की यह समग्र दृष्टि 'संरक्षण और नवसृजन' के मध्य वह संधि-बिंदु है, जहाँ प्राचीनता का सम्मान और नवाचार की प्रेरणा एक साथ विद्यमान रहती है। यही कारण है कि यह ज्ञान-धारा आज भी विश्व के लिए एक अतुलनीय और प्रेरणादायक स्रोत के रूप में अपनी बहुरंगी छटा के साथ निरंतर प्रवाहित है।

अध्याय 8

भारतीय ज्ञान-परंपरा और आधुनिक विज्ञान-चेतना: एक दार्शनिक अन्वेषण

भारतीय ज्ञान-परंपरा की प्राचीन चेतना स्वयं को एक ऐसे गहन गर्भ के रूप में प्रस्तुत करती है, जहाँ से ज्ञान का प्रवाह अनादि काल से अविरल बह रहा है। इसका रंग जलती हुई राख और धूल भरी जमीं की गाढ़ी रंगत-'बर्न सिएन्ना' (Burnt Sienna) की भाँति है, जिसमें समाधि की गहराई और चैतन्य का शांत उद्‌गम समाहित है। यह चेतना ऋषियों की 'ऋतंभरा प्रज्ञा' और अंत:स्फूर्ति की वह लौ है, जिसका आधार केवल शुष्क तर्क नहीं, अपितु प्राणस्पर्शी विशुद्ध अनुभूति है। इसकी भाषा प्रतीकात्मक और रहस्यमयी है, जो वैदिक मंत्रों और उपनिषदों की वाणी में अनुगूँजित होती है।

इसके विपरीत, आधुनिक विज्ञान-चेतना एक उज्ज्वल श्वेत प्रकाश के रूप में उभरती है, जिसका निर्माण विज्ञान की विभिन्न विधाओं द्वारा हुआ है। इसका अस्तित्व तटस्थ, विश्लेषणात्मक और निश्चयात्मक है। यह चेतना प्रयोगशाला के परीक्षणों, भौतिक जगत् की यथार्थता और तर्कसंगत प्रमाणों को ही सत्य की कसौटी मानती है। इसका धवल वर्ण समस्त रंगों के सम्मिश्रण से बनी उस स्पष्टता का द्योतक है, जो संदेह और अन्वेषण को अपना पाथेय बनाकर ज्ञान की सीमाओं का निरंतर विस्तार करने के लिए प्रतिबद्ध है।

प्रमाण और अनुभूति का द्वंद्व एवं संवाद

संवाद के क्रम में जब आधुनिक चेतना 'प्रमाण' की मांग

करती है और तर्क के सम्मुख अनुभव की वैधता को संदिग्ध मानती है, तब प्राचीन चेतना उसे चेताती है कि तर्क की अपनी एक सीमा होती है। जहाँ आधुनिक विज्ञान संदेह के मचान पर खड़ा होकर भौतिक नियमों को परखता है, वहीं प्राचीन परंपरा उस सत्य की ओर संकेत करती है जो चर्म-चक्षुओं से परे और केवल अंतर्दृष्टि से ग्राह्य है। प्राचीन चेतना का तर्क है कि विज्ञान की धवल भित्तियों को सजीवता प्रदान करने के लिए परंपरा के अनुभवों और अंतर्दृष्टि के रंगों की आवश्यकता होती है।

आधुनिक चेतना इस सत्य को स्वीकार करती है कि प्रकृति को केवल गणितीय बाइनरी संकल्पों में नहीं बाँधा जा सकता। वह प्राचीन ज्ञान को मात्र भावुकता की श्रेणी से निकालकर उसके पीछे छिपे वैज्ञानिक यथार्थ और जीवन-सत्यों के सहज बोध को समझने की चेष्टा करती है। यहाँ दोनों चेतनाएँ इस बात पर सहमत होती हैं कि यदि वैज्ञानिक आलोचनात्मक तंत्र और प्राचीन अंतर्दृष्टि का संयोग हो जाए, तो मानवता अज्ञान के अंधकार से परम प्रकाश की ओर अग्रसर हो सकती है।

सिएन्ना और श्वेत का संलयन

इस विमर्श में प्राचीन और आधुनिक का संलयन उस क्षितिज की भाँति प्रतीत होता है जहाँ सांध्य लालिमा और चाँदनी का मिलन होता है। आधुनिक विज्ञान अब यह स्वीकार करने लगा है कि मानव चेतना और दर्शन के आयामों का वैज्ञानीकरण अनिवार्य है। प्राचीन चेतना भी यह मानती है कि आधुनिक प्रकाश के बिना उसका स्वरूप सामाजिक और व्यावहारिक धरातल पर अभिव्यक्ति-विहीन रह जाता है।

दोनों पक्षों के मध्य यह सहमति बन सकती है कि वे एक-दूसरे के विरोधी नहीं, अपितु एक ही सत्य के दो ध्रुव हैं। जैसे वेदों के स्वर ध्वनि-विज्ञान (Acoustics) के सूक्ष्म यंत्र हो सकते हैं, वैसे ही आधुनिक प्रयोगशालाएँ उन प्राचीन अनुभूतियों को प्रमाणित करने और नई दिशा देने का माध्यम बन सकती हैं। यह संवाद 'सिएन्ना और श्वेत' के संयोग से एक ऐसी नवीन

छवि रचता है, जो व्यक्ति, समाज और ब्रह्मांड के मध्य तादात्म्य स्थापित करने में समर्थ है। प्राचीन की गहनता और आधुनिक का उजाला मिलकर अस्तित्व की अंतर्निहित सहधर्मिता को प्रतिबिंबित करते हैं।

मानवता के भविष्य हेतु साझा प्रतिज्ञा

विमर्श के निष्कर्ष स्वरूप, दोनों चेतनाएँ एक साझा कर्तव्य का बोध कराती हैं। आधुनिक मेधा जहाँ विवेक और विश्लेषण लाती है, वहीं प्राचीन परंपरा सहज अंतर्दृष्टि और गहन अनुभव प्रदान करती है। यह संगम केवल अकादमिक विमर्श का विषय नहीं, बल्कि मानवता के कल्याण के लिए प्रज्ज्वलित वह अग्नि है, जिसमें जिज्ञासा और श्रद्धा, तर्क और अध्यात्म एक ही स्वर के बहुरंगी अनुनाद बन जाते हैं।

ज्ञान केवल एक स्वरूप में सीमित नहीं रहेगा। प्राचीन काल की अनुभूतियों का स्नेह और आधुनिक तर्क की शुद्धता मिलकर एक ऐसी वैश्विक चेतना का परिमार्जन करेंगे, जो सार्वभौमिक, बहुआयामी और जीवंत होगी। यह 'तत्त्व और तथ्य' का वह मधुर नृत्य है, जो मानवता के उज्ज्वल भविष्य के लिए एक अक्षय दीप-स्तंभ के रूप में प्रतिष्ठित होगा। यह संगम एक नवीन ज्ञान-विश्वकर्मा के उदय का प्रतीक है, जहाँ वेद की प्राचीन गूँज और भौतिक जगत् के तथ्य समन्वित होकर मानवता के कल्याण की सारगर्भित ऊर्जा बन जाते हैं।

भारतीय ज्ञान-परंपरा और आधुनिक विज्ञान-चेतना के मध्य विद्यमान संबंधों, वैषम्य और पुनर्व्याख्या की आवश्यकता का विश्लेषण आज के वैश्विक ज्ञान-विमर्श का एक अनिवार्य पक्ष है। यह विषय न केवल ऐतिहासिक दृष्टि से गंभीर है, बल्कि अपनी समकालीन प्रासंगिकता में अत्यंत व्यापक भी है। भारतीय ज्ञान-परंपरा जहाँ एक बहुआयामी, समग्र और अनुभूति-केंद्रित प्रणाली है, वहीं आधुनिक विज्ञान-चेतना तर्क-निष्ठ, अनुभववादी और अनुभवजन्य परीक्षणों पर आधारित है। इन दोनों धाराओं के मध्य समानताएँ, भेद और पुनर्व्याख्या के सूत्रों को अन्वेषित कर एक ऐसी समावेशी ज्ञान-दृष्टि निर्मित की जा सकती है,

जो स्थानीय प्रज्ञा और वैश्विक वैज्ञानिक चिंतन के मध्य सामंजस्य स्थापित कर सके।

ज्ञान-प्रणालियों के मध्य समानताएँ

सर्वप्रथम, इन दोनों परंपराओं के मध्य समानताओं का निरूपण आवश्यक है। दोनों ही प्रणालियाँ सत्य की खोज और ज्ञान की प्राप्ति के मौलिक संकल्प से अनुप्राणित हैं। वे ज्ञान को मात्र 'सूचना' के रूप में न देखकर एक गहन पद्धति के रूप में ग्रहण करती हैं, जिसमें विश्लेषण और निरंतर परिष्कार शामिल है। भारतीय दर्शन, विशेषकर न्याय दर्शन में प्रतिपादित प्रमाण-प्रणाली–प्रत्यक्ष, अनुमान, उपमान और शब्द–आधुनिक अनुसंधान की अवलोकन, तर्क, तुलना और संप्रेषण की प्रक्रियाओं के समानांतर खड़ी दिखाई देती है। दोनों ही पद्धतियाँ विश्व की सृष्टि, प्रकृति के नियमों और मानव जीवन के रहस्यों को समझने में गहन रुचि रखती हैं। जहाँ भारतीय दर्शन (सांख्य और वैशेषिक) पंचमहाभूतों और प्रकृति-पुरुष के अंतर्संबंधों के माध्यम से सृजन की व्याख्या करता है, वहीं आधुनिक विज्ञान परमाणु, आणविक और कोशिकीय स्तर पर इसी संरचना का विश्लेषण करता है। आयुर्वेद और योग जैसी निष्पादनात्मक विधाएँ इसका प्रमाण हैं कि भारतीय परंपरा भी आधुनिक विज्ञान की भाँति प्रयोग और परिणामों पर आधारित रही है, न कि केवल वैचारिक ऊहापोह पर। इसके अतिरिक्त, व्याकरण और मीमांसा जैसे शास्त्रों में भाषाई सूक्ष्मता और तर्कशास्त्र का जो विवेचन मिलता है, वह आधुनिक भाषा-विज्ञान (Linguistics) के समकालीन सिद्धांतों का पूर्वज माना जा सकता है।

दार्शनिक और पद्धतिगत भेद

समानताओं के उपरांत, दोनों के मध्य निहित मौलिक भेदों को समझना भी अनिवार्य है। सबसे प्रमुख भेद विश्व-दृष्टि का है; भारतीय ज्ञान-परंपरा एक समग्र, आध्यात्मिक और नैतिक पारिस्थितिकी है, जो आत्मज्ञान और मोक्ष जैसे परम लक्ष्यों से

जुड़ी है, जबकि आधुनिक विज्ञान मुख्यत: तटस्थ और वस्तुनिष्ठ तथ्यों पर केंद्रित है। भारतीय दृष्टि में ज्ञान 'अंतर्मुखी अनुभूति' और 'अपौरुषेय श्रुति' को भी प्रमाण मानता है, जो आधुनिक विज्ञान के बहिर्मुखी अन्वेषण के दायरे से परे है। दूसरा अंतर ज्ञान के स्थायित्व और संशोधन की प्रकृति में है। आधुनिक विज्ञान अपनी प्रस्थापनाओं को निरंतर 'असत्य सिद्ध होने की संभावना' (Falsifiability) के लिए खुला रखता है, जबकि भारतीय परंपरा में 'श्रुति' और 'स्मृति' के माध्यम से सिद्धांतों के संरक्षण और संवर्धन को प्राथमिकता दी जाती है। यहाँ नव-अन्वेषण पूर्व-स्थापित संरचनाओं की अर्थपूर्ण व्याख्या और पुष्टिकरण के माध्यम से होता है।

भाषाई स्तर पर भी व्यापक अंतर दृष्टव्य है। आधुनिक विज्ञान की भाषा गणितीय, सांख्यिकीय और प्रदर्शनीय है, जबकि भारतीय ज्ञान की भाषा प्रतीकात्मक, गूढ़ और बहुस्तरीय अर्थों वाली है। 'धर्म', 'कर्म' और 'मोक्ष' जैसे शब्द मात्र संज्ञाएँ नहीं हैं, बल्कि वे एक व्यापक तत्त्वमीमांसा और जीवन-प्रक्रिया के वाहक हैं। अंतिम और महत्वपूर्ण भेद ज्ञान-प्राप्ति की प्रक्रिया में है। जहाँ विज्ञान 'हाइपोथेसिस' और 'डाटा' के माध्यम से बाह्य जगत् का मापन करता है, वहीं भारतीय प्रणाली 'स्वाध्याय', 'विवेक' और 'साक्षात्कार' जैसे अंत:मुखी अनुभवों को प्रधानता देती है। यहाँ ज्ञान केवल बौद्धिक उपलब्धि नहीं, बल्कि व्यक्ति के नैतिक और आध्यात्मिक उत्थान का साधन है।

आधुनिक संदर्भ में पुनर्व्याख्या की अनिवार्यता

इन समानताओं और भेदों के आलोक में भारतीय ज्ञान-परंपरा की पुनर्व्याख्या एक अपरिहार्य कार्य बन गया है। पुनर्व्याख्या का अर्थ इसे मात्र पुरातन अवशेष के रूप में पूजना नहीं, बल्कि वर्तमान की समस्याओं के समाधान हेतु इसकी प्रासंगिकता सिद्ध करना है।

अंत:विषय संवाद: वेदों और उपनिषदों को मात्र धार्मिक ग्रंथ मानने के संकीर्ण दृष्टिकोण का त्याग कर उन्हें दर्शन, विज्ञान और चेतना-विज्ञान (Cognitive Science) के स्रोत के

रूप में देखना होगा। उदाहरणस्वरूप, उपनिषदों में वर्णित 'चेतना' के सिद्धांत आधुनिक न्यूरोसाइंस और क्वांटम भौतिकी के लिए नवीन दिशा-निर्देश प्रदान कर सकते हैं।

प्रमाणों का समन्वय: आधुनिक विज्ञान की नवाचारी सत्यापन प्रक्रिया के साथ भारतीय मौलिक अनुभूति और तर्कशास्त्रीय व्याख्याओं का समन्वय करना होगा। यह नकल नहीं, बल्कि ज्ञान की 'सह-अभिव्यक्ति' होगी।

भाषाई और वैज्ञानिक अध्ययन: प्राचीन ग्रंथों का आधुनिक भाषा-विज्ञान और मनोविज्ञान के मानदंडों पर अध्ययन आवश्यक है, ताकि उनके भीतर छिपे प्रतीकात्मक संकेतों को समकालीन तार्किक विमर्श में प्रस्तुत किया जा सके।

नैतिक और सामाजिक आयाम: भारतीय परंपरा की पर्यावरण-सचेतना और मानसिक स्वास्थ्य की विधियों (योग, प्राणायाम) को आधुनिक सामाजिक विज्ञान और स्वास्थ्य प्रणाली के पूरक के रूप में स्थापित करना होगा।

भविष्य का मार्ग:

भारतीय ज्ञान-परंपरा की पुनर्व्याख्या का लक्ष्य इसे एक ऐसी जीवंत संस्कृति के रूप में प्रतिष्ठित करना है, जो वैश्विक वैज्ञानिक संवाद में नए आयाम जोड़ सके। क्वांटम भौतिकी में परमाणु के 'अव्यक्तत्व' की चर्चा और वेदांत के 'अद्वैत' दर्शन के मध्य संवाद इसका श्रेष्ठ उदाहरण हो सकता है। भविष्य का ज्ञान-पथ इन दोनों के पारस्परिक सम्मान और जागरूक विनिमय से ही प्रशस्त होगा।

पूरकता: भारतीय तत्त्वमीमांसा आधुनिक विज्ञान की सीमाओं को पहचानकर उसे पूर्णता प्रदान करती है।

समग्र शिक्षण: आधुनिक शिक्षा व्यवस्था में भारतीय ज्ञान के बहुस्तरीय स्वरूप को सम्मिलित कर एक ऐसी शिक्षण-प्रणाली विकसित की जाए जो व्यक्ति का सर्वांगीण विकास करे।

समन्वित जीवन-दर्शन: भारतीय ज्ञान 'धर्म और विज्ञान' का जो समन्वित रूप प्रस्तुत करता है, वह आज के नैतिक संकटों से जूझ रहे विश्व के लिए अत्यंत आवश्यक है।

निष्कर्षत: भारतीय ज्ञान-परंपरा में निहित जीवंत अनुभव और आधुनिक विज्ञान-चेतना की तार्किकता का मधुर समाकलन ही मानवता के कल्याण का मार्ग प्रशस्त करेगा। यह पुनर्व्याख्या सांस्कृतिक आदान-प्रदान और ज्ञान-संस्कृति के नव-गठन के लिए एक युगांतरकारी आवश्यकता है।

भारतीय ज्ञान-परंपरा और आधुनिक विज्ञान-चेतना के समांतर प्रवाह के मध्य 'भविष्य के ज्ञान-संवाद' की संभावनाओं पर विचार करने से एक अत्यंत समृद्ध, प्रगतिशील और मांगलिक चित्र उभरता है। यह संवाद केवल प्राचीन और आधुनिक के सतही सम्मिलन की कल्पना नहीं है, बल्कि एक ऐसे समन्वित ज्ञान-परिवेश का आह्वान है जहाँ परंपरा के दार्शनिक अन्वेषण और विज्ञान की अनुसंधानात्मक विधियाँ मिलकर नवीन युग की ज्ञान-पद्धतियों का सृजन करें। यह सहजीवी तंत्र वैश्विक चेतना, सामाजिक न्याय और पर्यावरणीय स्थिरता के लिए एक अभिनव मार्ग प्रशस्त करेगा।

भारतीय ज्ञान संस्कृति में 'विद्या' केवल सूचना का संचय नहीं, अपितु जीवन की सार्थकता और आत्मिक उन्नति का मार्ग है। वहीं, आधुनिक विज्ञान यथार्थपरक और तकनीकी विधियों द्वारा जटिल समस्याओं का समाधान खोजता है। इन दोनों का संयोजन यह सुनिश्चित करेगा कि भविष्य का ज्ञान केवल आर्थिक लाभ तक सीमित न रहे, बल्कि मानवता की समग्र भलाई से जुड़ा रहे। इस संवाद के मुख्य स्तंभ और भविष्योन्मुखी आयाम निम्नलिखित हैं:

नैतिक नवाचार और उत्तरदायित्व का बोध

तकनीकी प्रगति के इस युग में अक्सर नैतिकता और मानवीय मूल्यों की उपेक्षा की जाती है, जिसका परिणाम पर्यावरणीय क्षरण और सामाजिक संघर्ष के रूप में सामने आता है। यहाँ भारतीय ज्ञान-परंपरा का 'धर्म' और 'नीति' का दृष्टिकोण सर्वोपरि सिद्ध होगा। जब वैज्ञानिक नवाचारों को सामाजिक और पर्यावरणीय उत्तरदायित्व के साथ जोड़ा जाएगा, तब तकनीक केवल दक्षता का माध्यम न रहकर न्यायसंगत प्रगति का आधार

बनेगी। यह एक ऐसी क्रांति होगी जहाँ तकनीकी उत्कर्ष के साथ-साथ नैतिक सहिष्णुता का भी उदय होगा।

वैश्विक चेतना और सह-अस्तित्व का मार्ग

भविष्य का ज्ञान-संवाद 'वैश्विक नागरिकता' की अवधारणा को सुदृढ़ करेगा। भारतीय परंपरा के सहिष्णुता, बहुलतावाद और 'वसुधैव कुटुंबकम्' के सिद्धांत आधुनिक विश्व की सांस्कृतिक चुनौतियों के समाधान हेतु अनुपम संसाधन हैं। जब विज्ञान की तकनीकी उपलब्धियाँ इन सामाजिक मूल्यों के साथ मिलकर कार्य करेंगी, तब एक ऐसी वैश्विक चेतना विकसित होगी जो प्रतिस्पर्धा के स्थान पर सामूहिक कल्याण और सहमति पर आधारित होगी।

विवेकपूर्ण जिज्ञासा और मौलिक प्रश्नावली

भारतीय दर्शन में प्रश्न पूछने की क्षमता-मीमांसा, न्याय और सांख्य के माध्यम से-अत्यंत परिष्कृत रही है। आधुनिक विज्ञान जहाँ प्रायोगिक सत्यापन पर बल देता है, वहीं प्रायः प्रश्नों की दार्शनिक सीमा संकुचित हो जाती है। भविष्य के संवाद में इस विवेकपूर्ण जिज्ञासा का पुनरुत्थान होगा, जहाँ प्रश्न न केवल विश्लेषणात्मक होंगे, बल्कि वे जीवन, अस्तित्व और ब्रह्मांड के गूढ़ संबंधों तक भी पहुँचेंगे। इससे ज्ञान-क्षेत्र में अंतर्मुखी समालोचना और अन्वेषण की गहराई बढ़ेगी।

ज्ञान के बहुआयामी स्वरूप का संरक्षण

आज ज्ञान को केवल तर्कशास्त्र या वैज्ञानिक विधि तक सीमित करने की प्रवृत्ति है, जबकि भारतीय परंपरा 'श्रुति', 'स्मृति' और 'योग' जैसे अनुशासनों के माध्यम से भौतिक, मानसिक और आध्यात्मिक स्तरों को एक साथ समेटती है। भविष्य के संवाद में इन सभी आयामों को समान महत्त्व देना होगा, जिससे ज्ञान की क्लिष्टता समाप्त हो और जीवन के प्रति एक सर्वांगीण परिप्रेक्ष्य उभर सके।

प्राकृतिक और पर्यावरणीय संवेदीकरण

भारतीय परंपरा में प्रकृति को केवल उपभोग का 'स्रोत'

नहीं, बल्कि एक जीवित अनुभूति माना गया है। आधुनिक विज्ञान ने संकटों के समाधान हेतु तकनीक तो विकसित की है, किंतु प्रकृति के प्रति वह आध्यात्मिक जुड़ाव भारतीय दर्शन में ही निहित है। भविष्य का संवाद तकनीकी प्रगति को पर्यावरण संरक्षण के साथ और मानवीय जिम्मेदारी को प्रकृति की पवित्रता के साथ जोड़ेगा, जिससे विश्व को सामंजस्यपूर्ण सहजीवन की दिशा प्राप्त होगी।

ज्ञान का लोकतंत्रीकरण और समावेशी शिक्षा

प्राचीन विद्यास्थानों–नालंदा और तक्षशिला–का मॉडल समावेशी था, जहाँ विविध संस्कृतियाँ एक साथ प्रवाहित होती थीं। भविष्य में डिजिटल युग के माध्यम से विज्ञान और परंपरा का लोकतंत्रीकरण आवश्यक है। लोक कथाओं, आचार्यों के अनुभव, प्रयोगशालाओं के डेटा और डिजिटल मंचों को एक साथ लाकर ज्ञान के सार्वभौमिक आदान-प्रदान की नींव रखी जाएगी, जिससे प्रतिभाशाली नवोदित विद्वानों को अपनी मेधा के प्रदर्शन का समान अवसर प्राप्त होगा।

तकनीकी नवाचार में आध्यात्मिकता का समावेश

वैज्ञानिक प्रगति जहाँ भौतिक जीवन को सुगम बनाती है, वहीं कई बार यह मानसिक और आध्यात्मिक रिक्तता को भी जन्म देती है। भारतीय 'ध्यान', 'योग' और 'संस्कारशास्त्र' इस रिक्तता की पूर्ति कर सकते हैं। भविष्य के संवाद में तकनीक को मानवीय संवेदनशीलता के साथ जोड़कर ऐसा परिवेश निर्मित होगा जो मनुष्य के केवल बाहरी नहीं, अपितु आंतरिक विकास और चेतना के विस्तार का मार्ग प्रशस्त करेगा।

सामाजिक परिवर्तन और बौद्धिक स्वतंत्रता

भारतीय ज्ञान–परंपरा स्वयं के सुधार और सामाजिक न्याय का सशक्त माध्यम रही है। आत्म–साक्षात्कार से लेकर सामाजिक उत्तरदायित्व तक के मॉडल इस संवाद से विकसित होंगे। साथ ही, भविष्य का यह मंच बौद्धिक अभिव्यक्ति के बहुरूपीकरण–जैसे कला, साहित्य, और दृश्य विधाओं–के लिए भी स्थान

सुनिश्चित करेगा। विज्ञान की तकनीकी भाषा जब कलात्मक संवेदना के साथ मिलेगी, तब नवाचार के नए क्षितिज खुलेंगे।

अंतरराष्ट्रीय शोध और डिजिटल संभावनाएँ

वैश्विक स्तर पर आयुर्वेदिक जैव-प्रौद्योगिकी, योग-न्यूरोसाइंस और तंत्र-मनोविज्ञान जैसे विषयों पर सक्रिय शोध भविष्य में और तीव्र होंगे। डिजिटल युग की सीमाओं को तोड़कर 'आभासी विद्यालयों' और वैश्विक नेटवर्कों के माध्यम से भारतीय ज्ञान की जटिलता को संपूर्ण मानव समाज के लिए सुलभ बनाया जा सकेगा। यह मंच न केवल अध्ययन के लिए, बल्कि निरंतर शोध और नवाचार के लिए भी खुला और समावेशी होगा।

अनुभव प्रधान ज्ञान और भावनात्मक बुद्धिमत्ता

भारतीय ज्ञान का उत्कृष्ट पक्ष उसका 'अनुभव-प्रधान' (Empirical through Experience) होना है। आधुनिक विज्ञान के 'क्वांटम चेतना' और 'न्यूरोसाइंस' जैसे उभरते क्षेत्र अब अनुभव को वैज्ञानिक मापन के दायरे में ला रहे हैं। भविष्य का संवाद इस अनुभववादी दृष्टिकोण और वैज्ञानिक तर्क के बीच उस सेतु का निर्माण करेगा जो मनुष्य के आत्मज्ञान को आश्चर्यजनक विस्तार देगा। इसके साथ ही, 'संस्कार' और 'साधना' के माध्यम से भावनात्मक बुद्धिमत्ता (Emotional Intelligence) का विकास कर ज्ञान द्वारा मानव का सर्वांगीण कल्याण सुनिश्चित किया जा सकेगा।

भविष्य का यह ज्ञान-संवाद केवल दो भिन्न परंपराओं के मध्य की बातचीत नहीं, बल्कि एक उदीयमान ज्ञान-संस्कृति का शिलान्यास है। यह संवाद मानव चेतना के उन्नयन, पर्यावरणीय स्थिरता और नैतिक नवाचार के लिए एक सशक्त आधारशिला बनेगा। इसमें प्राचीन विचारों की गहराई, आधुनिक खोजों की तीव्रता और मानवता के प्रति संवेदनशीलता का ऐसा संगम होगा जो ज्ञान को पुनः 'जीवन-जीवंतता' के रूप में स्थापित करेगा। इसी समन्वित दृष्टि में एक उज्ज्वल, सहजीवी और सम्मानित भविष्य की कल्पना निहित है, जो मानवता को उसके सर्वोच्च और परम उद्देश्य की ओर ले जाने में सक्षम होगी।

तकनीकी और पारिभाषिक पद (ग्लॉसरी)

- **अज्ञान** (**Ignorance**): यह केवल तथ्यों की अनभिज्ञता नहीं, बल्कि बुद्धि, हृदय और प्राण के उस सेतु का अभाव है जो ज्ञान के 'ऋत-प्रवाह' को संभव बनाता है। यह सजीव अनुभवों के मिथ्या-बोध या अपूर्ण साक्षात्कार का परिणाम है।
- **अधिष्ठान** (**Foundation/Substratum**): विद्या का वह 'स्थान' या आध्यात्मिक मानस जो ज्ञान को नवीन अर्थों, प्रयोगों और जीवन-आयामों के साथ अनवरत पोषित और सजीव रखता है।
- **अनुमान** (**Inference**): प्रत्यक्ष ज्ञान के पश्चात् होने वाला तार्किक बोध। जब किसी अदृश्य वस्तु का ज्ञान उसके दृश्य लक्षणों (लिंग) के माध्यम से प्राप्त किया जाता है, तो उसे अनुमान कहते हैं।
- **अपरोक्षानुभूति** (**Direct Realization**): वह अनुभव जो केवल शाब्दिक अर्थ समझने तक सीमित नहीं है, बल्कि सत्य का साक्षात् और प्रत्यक्ष अनुभव है।
- **अपौरुषेय** (**Impersonal/Non-human**): वह ज्ञान जो किसी मर्त्य मानव की बौद्धिक रचना नहीं है, बल्कि ब्रह्मांडीय स्रोत से स्वत: आविर्भूत हुआ है।
- **अष्टाध्यायी** (**Ashtadhyayi**): महर्षि पाणिनि द्वारा रचित व्याकरण का कीर्तिस्तंभ, जो लगभग 3959 सूत्रों के माध्यम से भाषा के समस्त सूक्ष्म पक्षों का नियमन करता है।
- **आन्वीक्षिकी** (**Logic/Science of Inquiry**): प्राचीन भारतीय तर्कशास्त्र और ज्ञानमीमांसीय पद्धति, जो शास्त्रार्थ और सत्य के

अन्वेषण का आधार है।

- **आरण्यक** (**Aranyaka**): वेदों का वह भाग जहाँ स्थूल कर्मकाण्डों के सार और ज्ञान के गूढ़ विषयों का वानप्रस्थीय चिंतन व मनन होता है।
- **इतिहास** (**History/Itihasa**): वे ग्रंथ (जैसे महाभारत व रामायण) जिनका उद्देश्य श्रुति के अमूर्त सिद्धांतों को व्यावहारिक और सामाजिक स्वरूप प्रदान करना है।
- **उपनिषद्** (**Upanishad**): वेदों का अंतिम भाग (वेदान्त), जहाँ ब्रह्म-विद्या, आत्म-ज्ञान और अद्वैत अनुभव की सूक्ष्म मीमांसा की गई है।
- **उपमान** (**Comparison**): ज्ञान प्राप्त करने का वह साधन जो सादृश्य या समानता के आधार पर किसी अज्ञात वस्तु का बोध कराता है।
- **ऋत** (**Cosmic Order**): ब्रह्मांड की वह सर्वव्यापी व्यवस्था और शाश्वत नियम जो सृष्टि के संचालन, शुद्धता और सत्य का आधार हैं।
- **ऋषि** (**Seer**): वे प्रबुद्ध पुरुष जो ज्ञान के 'रचयिता' नहीं बल्कि 'द्रष्टा' हैं, जिन्होंने समाधि की अवस्था में ब्रह्मांडीय सत्यों का साक्षात्कार किया।
- **कल्प** (**Ritual Science**): वेदों का वह अंग जो यज्ञीय कर्मकाण्डों, सामाजिक नियमों और अनुष्ठानों की पद्धति का शास्त्रीय विवेचन करता है।
- **कूटस्थ** (**Immutable/Static**): वह शाश्वत सत्य जो अपरिवर्तनीय है, जिसमें न कुछ जोड़ा जा सकता है और न कुछ घटाया जा सकता है।
- **गत्यात्मकता** (**Dynamism**): भारतीय ज्ञान-परंपरा की वह विशेषता जिसके कारण वह जड़ नहीं होती, बल्कि देश, काल और परिस्थिति के अनुरूप निरंतर विकसित होती रहती है।
- **गुरु-शिष्य परंपरा** (**Teacher-Disciple Tradition**): ज्ञान संचरण

की वह व्यवस्था जहाँ गुरु ज्ञान के जीवंत प्रतिमान होते हैं और शिष्य उसे संस्कारों में आत्मसात् करता है।

- **गोत्र** (**Lineage of Knowledge**): ऋषियों की वह वंशावली जो किसी विशिष्ट आध्यात्मिक मूल और ज्ञान-वंश के निरंतर संचरण को सुरक्षित रखती है।
- **चित्-शक्ति** (**Power of Consciousness**): वह संवित् या चेतना की शक्ति जिससे भाषा, संस्कार और संपूर्ण ब्रह्मांडीय संरचनाएँ प्रतिबिम्बित होती हैं।
- **छन्द** (**Meter**): वह गणितीय और लयबद्ध ढाँचा जिसमें वैदिक मंत्रों की ध्वन्यात्मक संरचना आबद्ध होती है और जो स्मृति को सुदृढ़ बनाता है।
- **जीवन-विद्या** (**Life-Wisdom**): ज्ञान का वह स्वरूप जिसमें बाह्य जगत् के साथ-साथ जीवन के अर्थ, उद्देश्य और प्रवृत्तियों पर निरंतर मीमांसा होती है।
- **तत्त्वमीमांसा** (**Ontology**): सत्ता के मूल स्वरूप, आत्मा, ब्रह्म और जगत् के अंतर्संबंधों का सूक्ष्म दार्शनिक अध्ययन।
- **तर्क** (**Logic/Reasoning**): किसी प्रतिज्ञा की सत्यता को प्रमाणों के आधार पर सुव्यवस्थित करने की अनुशासित प्रक्रिया।
- **दर्शन** (**Vision/Philosophy**): सत्य का वह साक्षात्कृत अनुभव जो केवल बौद्धिक विचार नहीं, बल्कि अंत:करण की गहरी अनुभूति है।
- **देव** (**Natural Forces/Deity**): प्रकृति की वे शक्तियाँ जिनका वेदों में मानवीकरण किया गया है और जो वैश्विक ऊर्जा के प्रतीक हैं।
- **धर्म** (**Duty/niversal Order**): 'धृ' धातु से उत्पन्न वह तत्त्व जो संपूर्ण विश्व को धारण करता है और व्यक्ति के कर्तव्यों व नैतिक नियमों का नियमन करता है।
- **नाद-ब्रह्म** (**Sound as Absolute**): ध्वनि को सृष्टि का आदि-कंपन और सर्वोच्च सत्ता का प्रतीक मानने वाला विज्ञान।

- **न्याय (System of reasoning):** वह मार्ग जिसके द्वारा विवक्षित अर्थ (सत्य) की प्राप्ति होती है। यह प्रमाणों द्वारा अर्थ की परीक्षा करने का शास्त्र है।
- **पंचावयव (Five-membered Syllogism):** न्याय दर्शन में तर्क के निर्दोष प्रस्तुतीकरण के पाँच अंग: प्रतिज्ञा, हेतु, उदाहरण, उपनय और निगमन।
- **पाणिनीय पद्धति (Paninian Method):** व्याकरण के नियमों की वह वैज्ञानिक प्रणाली जो संयोजन-विन्यास, प्रत्यय और उपसर्ग के माध्यम से भाषा को नियंत्रित करती है।
- **प्रमाण (Means of Knowledge):** ज्ञान का वह करण या साधन जिससे यथार्थ अनुभव की प्राप्ति होती है और ज्ञान की प्रामाणिकता सिद्ध होती है।
- **ब्रह्म (Absolute Reality):** वह अनंत और अविनाशी चेतना जो सृष्टि का मूल आधार है और जिसे 'अवाङ्मनसगोचर' (वाणी और मन से परे) माना गया है।
- **ब्राह्मण ग्रंथ (Brahmana Texts):** वेदों का वह विस्तार जो कर्मकाण्ड-विषयक पद्धति को शास्त्रीय आधार और विधि-वाक्यों की व्याख्या प्रदान करता है।
- **मीमांसा (Hermeneutics/Inquiry):** वह परंपरा जो शास्त्र-वाक्यों के गूढ़ अर्थों का अन्वेषण करती है और कर्तव्यों के निर्धारण में सहायक होती है।
- **यज्ञ (Sacrificial Ritual):** वह व्यावहारिक अनुष्ठान जिसमें ज्ञान का क्रियात्मक प्रयोग होता है और जो 'स्व' के समर्पण का संकल्प है।
- **लोकाचार (Social Conduct/Tradition):** ज्ञान का वह व्यावहारिक रूप जो जन-जीवन की सहज प्रथाओं, उत्सवों और संस्कारों में रचा-बसा होता है।
- **वाचिक परंपरा (Oral Tradition):** ज्ञान संचरण की वह मौखिक पद्धति जिसमें मंत्रों की शुद्धता स्वर, लय और उच्चारण के कठोर

अनुशासन द्वारा रक्षित रहती है।

- **विद्या (Wisdom/Vidya):** यह मात्र सूचना नहीं, बल्कि वह विस्तारित अनुभव है जो जीवन में आत्मीय सहभागिता और आत्म-साक्षात्कार की प्रक्रिया है।
- **व्याकरण (Grammar/Linguistics):** वह शास्त्र जो केवल भाषा के नियम नहीं बताता, बल्कि प्रज्ञा के परिष्कार और तर्क-पद्धति की प्रक्रिया है।
- **व्याप्ति (Universal Relation/Concomitance):** हेतु और साध्य के बीच का वह नित्य संबंध (अविनाभाव संबंध) जिसके बिना तार्किक अनुमान संभव नहीं होता।
- **शब्द (Word/Sound):** अर्थ का वह नित्य वाहक जो केवल ध्वनि- संघात नहीं, बल्कि सूक्ष्म ज्ञान और ब्रह्म की साक्षात् अभिव्यक्ति है।
- **श्रुति (Revealed Knowledge):** वह ज्ञान जो अनादि काल से गुरु-शिष्य परंपरा में श्रवण द्वारा रक्षित है और जो स्वतः प्रमाण माना जाता है।
- **संवित् (Consciousness/Awareness):** वह दिव्य चेतना या बोध जो ऋषियों के अंतःकरण में मंत्रों और सत्यों के रूप में स्फुरित होता है।
- **संहिता (Samhita/Collection):** वेदों का वह मूल मंत्र-भाग (ऋक्, यजुः साम, अथर्व) जिसमें प्रज्ञा, क्रिया, भाव और रक्षण समाहित हैं।
- **सहज प्रज्ञा (Intuitive Wisdom/Common Sense):** वह व्यावहारिक और आत्मस्वाभाविक सोच जो ज्ञान को सुगम बनाकर जनमानस के सामीप्य में प्रतिष्ठित करती है।
- **साक्षात्कार (Realization/Direct Experience):** वह अवस्था जहाँ ज्ञाता और ज्ञेय का भेद मिट जाता है और साधक सत्य का प्रत्यक्ष अनुभव करता है।
- **स्मृति (Reflective Wisdom/Memory):** वह ऐतिहासिक प्रज्ञा

जिसे मानवीय बुद्धि द्वारा श्रुति के सिद्धांतों के आधार पर स्मरण कर समाज हेतु संहिताबद्ध किया गया है।

- **सूत्र (Aphorism):** ज्ञान को संक्षिप्त, असंदिग्ध और सारगर्भित रूप में सँजोने वाली वह शैली जो विविधतापूर्ण तत्वों को स्थिरता प्रदान करती है।
- **हेत्वाभास (Logical Fallacy):** वे तर्क–दोष (जैसे अनैकांतिक, विरुद्ध, असिद्ध) जो किसी अनुमान को अप्रामाणिक या अशुद्ध बना देते हैं।

❑❑❑